Von der Idee zum Buch
ULLA NEDEBOCK

BUCH SCHREIBEN VERLAG FINDEN

In 10 Schritten zum eigenen Buch

Wie du ein gutes Buch schreibst

Profi-Tipps von Autorin und Verlagsinsiderin
Ulla Nedebock

Die besten Erfolgsrezepte von Autoren für Autoren

Impressum

Verlag: Klangkäfer Verlag Ulla Nedebock,
Lerchenweg 6,
D-72654 Neckartenzlingen
Druck: tredition GmbH, Halenreie 40-44,
D-22359 Hamburg
Umschlaggestaltung und Illustrationen:
Ulla Nedebock
ISBN: 978-3-981-30623-1
Bibliografische Information der Deutschen Nationalbibliothek: Die Deutsche Nationalbibliothek verzeichnet diese Publikation in der Deutschen Nationalbibliografie; detaillierte bibliografische Daten sind im Internet über http://dnb.d-nb.de abrufbar.

Dankeschön

Danke an die Autorinnen und Autoren, die sich die Zeit genommen haben, mit mir Interviews über das Autorsein zu führen, um den Leserinnen und Lesern dieses Ratgebers Mut zu machen.

Danke an die Autorinnen und Autoren, die mir ihr Vertrauen geschenkt und mit mir zusammengearbeitet haben (und noch arbeiten) und an die Lektorinnen, Lektoren, Verlagsleiterinnen und Verlagsleiter, von denen ich in jedem Gespräch etwas Neues gelernt habe.

Danke an meinen Mann und meine drei Töchter, die nicht nur ertragen, wenn ich immer wieder mal abtauche und nur begrenzt ansprechbar bin, sondern mich immer unterstützt haben. Mal praktisch, indem sie kochten, Sachen für mich erledigten oder indem sie sich geduldig meine Probleme beim Schreiben anhörten und mir Ratschläge gaben.

Noch etwas Wichtiges vorab:

Da die deutsche Sprache meiner Meinung nach (noch) keine überzeugende Lösung für eine angemessene genderfaire Ansprache für Frauen und Männer bereithält, habe ich mich in diesem Buch für eine leicht lesbare Form entschieden.

INHALT

Mach deinen Traum wahr

Wie lange wartest du schon darauf, dass endlich der Moment kommt und du deine Energie in dein eigenes Buchprojekt steckst? Ein halbes Jahr, ein Jahr, länger? Mir ging es genauso. Ich hatte Angst, dass ich es nicht schaffen würde, und dass ich keinen Verlag finden würde. Was soll ich sagen? Ich habe erstmal keinen gefunden! Mein erstes Manuskript wollte niemand haben. Doch ich blieb dabei, schrieb weiter, und dann klappte es auch mit dem Verlagsvertrag. Circa 25 Bücher später - einige davon sind Bestseller – und dank vieler Autoren-Coachee, die mir ihr Vertrauen geschenkt haben, habe ich einiges darüber gelernt, wie man einen Verlag findet, wie man ein Buch von Anfang an plant und es in einem überschaubaren Zeitraum zu Ende schreibt und wie man es schafft, dass Verlagslektoren bei einem anfragen, ob man für sie ein Buch schreiben möchte.

Ich möchte dieses Wissen mit dir teilen. Vertrau mir und lass uns den Weg gemeinsam gehen. Glaub mir: Auch du kannst deinen Traum vom eigenen Buch wahrmachen! Und zwar ohne dein Leben komplett umzukrempeln. Du brauchst eine Strategie, und die wirst du hier kennenlernen.

Dieser Ratgeber kommt aus der Praxis. Bei meiner Coaching-Arbeit und im Austausch mit anderen Autoren habe ich gelernt, wie ähnlich die Probleme, Hürden und Bedenken sind. Wie ähnlich die Fragen und die Unsicherheit. Und häufig ähneln sich auch die Erfolgsrezepte, mit denen Autoren schließlich zu ihrer ersten Veröffentlichung kommen. Deswegen habe ich Interviews mit bekannten und sehr bekannten Autoren und Autorinnen geführt. Du bekommst ehrliche Antworten von Heike Abidi, Arne Dessaul, Gerd Kommer, Katia Simon, Nicole Staudinger und Nicole Weiß.

All diese Büchermenschen haben bereitwillig davon erzählt, wie sie es geschafft haben, ihr erstes Buch zu veröffentlichen, welche Stolpersteine es gab und was sie heute anders machen würden. Sie teilen in den Interviews Tipps für Neu-Autoren, die du sonst nirgends findest.

Es tut so gut, zu wissen, dass erfolgreiche Autoren auch mal „klein angefangen“ haben. Auch wenn die Wege von den ersten Zeilen bis zum fertigen Buch sich unterscheiden, zeichnet doch alle Autoren aus, dass sie an ihrem Traum festgehalten haben und so lange weiter gemacht haben, bis sie sich ihn erfüllt hatten. Und alle, die ich für dieses Buch interviewt haben, machen auch weiter mit dem Bücherschreiben. Es gehört zu ihrem Leben und sie können sich nicht mehr vorstellen, nicht zu schreiben. Weil es erfüllt, weil es zufrieden, glücklich und stolz macht.

MEIN BUCH *ist* WICHTIG

Mit der Schritt-für Schritt-Anleitung loslegen

In meiner Arbeit zeigt sich immer wieder, dass man nur wissen muss, was Verlage erwarten und was man dafür zusammenstellen und erarbeiten muss. Dann ist der erste Schritt gar nicht mehr schwer. Was du brauchst, ist eine Schritt-für-Schritt-Anleitung - vom ersten Wort bis zum Verschicken deines fertigen Manuskripts. Genau diese Schritt-für-Schritt-Anleitung findest du in diesem praktischen und übersichtlichen Ratgeber. Schluss mit „Irgendwann" und pack es an. Es lohnt sich! Du wirst zufriedener und glücklicher sein, glaub mir.

Wenn du es schaffst, dein Buch zu schreiben und zu veröffentlichen, gehörst du zu den wenigen Menschen, die ihren Wunsch Wirklichkeit werden lassen. Schau dich um: Wie viele Leute in deinem Freundes- und Bekanntenkreis sagen „Ach, da sollte man mal ein Buch darüberschreiben", und wie wenige machen es wirklich? Willst du weiterhin zu dieser großen Gruppe gehören, die mit Ausreden und „Eines-Tages"-Geschichten ihre Zeit verplempern, oder willst du lieber zu der kleinen Gruppe gehören, die ihren Traum wahrmacht?

Du hast dich auf den Weg gemacht, du meinst es ernst. Deswegen hast du auch dieses Buch gekauft. Du willst endlich wissen, wie das gehen kann mit dem Bücherschreiben. In diesem Buch stelle ich dir eine vielfach bewährte Methode vor, mit der du in relativ kurzer Zeit ein Buch schreiben und bei einem Verlag oder mit Selfpublishing veröffentlichen kannst.

Meine Methode unterscheidet sich in einem Punkt wesentlich von anderen Schreibratgebern: Du bietest dein Buchprojekt schon während des Schreibens bei Verlagen an! So weißt du häufig schon, während du noch das Manuskript zu Ende führst, dass du einen Verlag für dich gewonnen hast. Dieser Weg ist viel besser, als sich mit einem fertigen Manuskript zu bewerben. Verlagslektor oder Literaturagent können dich beim Schreiben beraten. Und es fühlt sich im weiteren Schreibprozess doch richtig gut an, wenn man schon weiß, dass das Buch veröffentlicht wird.

Dazu erstellst du in wenigen Schritten, durch die ich dich führen werde, ein aussagekräftiges Buchexposé. So ein Exposé ist gewissermaßen ein geschnürtes Paket für Agenturen und Verlage. Um einen Verlag zu finden, musst du nämlich nicht gleich das ganze Buch schreiben! Nein, weder Verlage noch Literaturagenturen erwarten ein fertiges Manuskript. Im Gegenteil, sie möchten sich erstmal mithilfe deines Buchexposés einen Eindruck von deinem Buch machen. Ist das nicht eine tolle Nachricht? Das gilt ganz besonders für den Sachbuch- und Ratgeberbereich, aber auch für andere Genres.

Auch Romanverlage möchten nicht gleich den ganzen Wälzer haben. Sie verschaffen sich lieber einen Eindruck anhand einiger Kapitel und eines Buchexposés. Das ist doch wunderbar! Auch bei einem Roman musst du nicht erst das ganze Buch schreiben, bevor du damit in die Welt hinausgehst. Vielmehr erarbeitest du ein – natürlich hervorragendes – Buchexposé und bietest damit dein Buch an. Wie du solch ein Exposé zusammenstellst, lernst du hier Schritt für Schritt

Meine pragmatische Methode funktioniert für Autoren aller Textarten, also Genres. Egal, was du schreiben möchtest: Du kämpfst mit bremsenden Gedankenbarrieren, musst gründlich recherchieren, den Aufbau oder die Handlung planen, einen Schreibplan erstellen, den Schreibstil klären, eine Gliederung erstellen, Schreibroutinen für dich finden, das Buchexposé verschicken und das Buch fertigstellen.

Noch etwas Wichtiges, bevor wir so richtig ins Thema einsteigen: Leg ein paar farbige Stifte bereit, mit denen du im Buch markierst und dir persönliche Notizen machst. Streiche an, was du später wieder brauchen wirst, wenn du mitten im Arbeiten bist.

Buch schreiben mit Methode

Ein Buch schreiben kann theoretisch fast jeder. Aber machen muss man es! Bücherschreiben hat – da führt kein Weg daran vorbei – zu tun mit Selbstdisziplin, Mut, gesundem Egoismus, auch Dickköpfigkeit, Freude am Schreiben, Spaß am Recherchieren und dem unbeugsamen Willen zum Erfolg.

Du wirst in diesem Buch zunächst erfahren, wie du „bremsende" Gedanken loswirst, die dich vom Bücherschreiben abhalten. Ich nenne das: Das positive Autoren-Mindset. Es wird dir helfen, anzufangen, durchzuhalten und das Ding zu Ende zu bringen. Dann zeige ich dir in zehn Schritten das Handwerkszeug, mit dem du Schritt für Schritt dein Ziel erreichst: Ein Buch, das jeder überall kaufen kann.

▶ Profi-Tipp

- *Warte nicht, weil du dich noch nicht perfekt genug fühlst!*
- *Warte nicht, bis du endlich mal Zeit zum Schreiben hast!*
- *Warte nicht auf die Inspiration!*
- *Warte nicht, bis die Kinder aus dem Haus sind!*
- *Warte nicht, bis du in Rente gehst!*
- *Warte nicht auf den „richtigen" Moment!*

Erfolgreich einen Verlag finden

Was ist dein Ziel? Dein Buch soll deinen Schreibtisch verlassen und in die Welt hinausgehen. Es wird nicht mehr nur eine Idee sein, nicht mehr nur eine Zettelsammlung, nicht mehr nur fünf bis 80 Einzeldateien, nicht mehr nur ein immer wiederkehrender Gedanke, nicht mehr nur etwas, das du „irgendwann" mal machen willst. Nein, es ist real, du verschickst es und wirst mit Lektoren, Redakteuren und Agenten darüber reden und ihr werdet gemeinsam planen, wie es damit weitergeht. Fühlt sich das nicht gut an? Endlich wird aus der Idee ein Buch!

Dieser Ratgeber führt dich von der Idee und den ersten Notizen zum Thema bis zum fertig geschriebenen Buch. In einem wichtigen, ja entscheidenden Zwischenschritt schickst du dein Buchexposé an Verlage, oder wenn du den Weg über Literaturagenturen gehen möchtest, dorthin. Was ist ein Buchexposé? Es ist eigentlich wie eine Bewerbung und besteht aus mehreren kurzen Teilen: Packendes Anschreiben, kurze Inhaltsübersicht, überzeugende Verkaufsargumente, relevante Informationen über dich und eine aussagekräftige Schreibprobe. Hier geht es also nicht darum, das ganze Manuskript einzureichen.

Da du ein Exposé in einem überschaubaren Zeitrahmen zusammenstellen kannst – ein bis vier Wochen, je nach Rechercheaufwand -, musst du die Arbeit daran nicht scheuen. Und wenn du gute Vorarbeit geleistet hast, passiert auch sehr wahrscheinlich etwas! Ein Lektor oder Agent meldet sich bei dir und will mehr über dein Buchprojekt wissen. Ist es nicht das, worauf wir Autoren alle warten? Es liegt also zunächst einmal in deiner Hand, ob du deinen Traum noch langen Traum sein lassen willst oder endlich ein handfestes Buch daraus machst. Ich kann dir nur raten: Fang an! Fang einfach an!

Gib Lektoren was sie wollen

Kein Lektor dieser Welt hat die Zeit, dicke, unverlangt eingesandte, Manuskripte zu lesen, zumal da eine ganze Menge untauglicher Texte dabei sind. Täglich landen auf den Schreibtischen und in den Mailboxen der Verlagsredaktionen hunderte Manuskripte und Exposés. Da droht dein Buchprojekt sehr schnell unterzugehen. Das willst du nicht und das will ich auch nicht. Deswegen lernst du hier, wie du aus der Masse heraussttichst, wie du auffällst, wie du Neugier weckst. Für einen Lektor – in manchen Verlagen heißen sie Redakteure – ist es tausendmal leichter, ein gut strukturiertes und übersichtliches Exposé zu bewerten. Es ist doch klar: Wenn du die Wahl hättest, einen Schmöker mit 300 Seiten in die Hand zu nehmen um zu verstehen, worum es hier geht, ob es gut geschrieben ist, ob der Autor Potential hat und ob sich das Buch gut verkaufen würde, und daneben liegt ein hervorragend strukturiertes Buchexposé, das man in wenigen Minuten einschätzen kann, was würdest du vom Stapel nehmen?

Das Problem für Lektoren (oder Redakteure, die Berufsbezeichnung ist in der Verlagswelt nicht einheitlich) ist die Masse an Einsendungen, mit der sie täglich konfrontiert sind. Du kannst dir nicht vorstellen, wie viele Menschen Manuskripte an Verlage schicken. Dabei machen sie sich leider häufig nicht die Mühe, nachzuschauen, ob der Verlag überhaupt das Genre verlegt. Was soll ein Ratgeberverlag mit einem Kinderbuch? Oft schicken Autoren auch ein Manuskript mit mehreren hundert Seiten ein, ohne eine Inhaltszusammenfassung mitzuliefern. So etwas ist ziemlich sinnlos. Dafür hat niemand Zeit. Umso mehr freuen sich Lektoren, wenn ihnen jemand in kompakter Form ein gut aufgebautes Buch anbietet, und alle wichtigen Informationen wie Zielgruppe, Genre, Verkaufsargumente, Konkurrenzrecherche und Schreibprobe sind übersichtlich präsentiert. Das klingt jetzt vielleicht nach viel Arbeit, aber erstens ist sie in kleine Einzelschritte zerlegt sehr gut zu bewältigen, und zweitens musst du all das ohnehin zusammenstellen, wenn du ein gutes Buch schreiben willst.

Schreiben mit einem Lektor, Agenten oder Autorencoach

Vielleicht weißt du es schon, aber vielleicht bist du auch neu im Buchgeschäft und hast noch keine Erfahrung damit, wie es nach dem Einreichen eines Buchexposés weitergeht. Es läuft im Allgemeinen so: Wenn es dir gelingt, in einem frühen Stadium – also bevor du das ganze Manuskript geschrieben hast - einen Experten für dein Buch zu begeistern, bist du nicht mehr alleine mit dem Schreiben des Buchs.

Ab diesem Moment entwickelst du gemeinsam mit dem Lektor, Agenten oder Autorencoach, ausgehend von deinem Buchexposé, das Buch weiter. Das bedeutet, dass du nicht ins Blaue hineinschreibst, sondern genau weißt, was die Verlagsredaktion erwartet. Gemeinsam mit dem Experten feilst du an deinem Text, schärfst den Blick für die Zielgruppe, wirst dir noch klarer über Schreibstil und Ansprache und entscheidest nun endgültig, welches Genre du bedienen möchtest. Auch der Umfang wird geplant und die Gliederung geschliffen. Während des ganzen Schreibprozesses bis zum fertigen Manuskript hast du einen Ansprechpartner, mit dem du dich austauschen und ihm Fragen stellen kannst. Und natürlich ist der Effekt, dass deine

Aussichten auf einen Verlagsvertrag beträchtlich steigen, vielleicht bekommst du ihn auch gleich angeboten!

Du siehst also, dass es wirklich Sinn macht, aus dem stillen Kämmerchen raus in die Welt zu gehen und dich mit deiner Buchidee zu zeigen. Nur dann hast du eine Chance, von einem Verlag veröffentlicht zu werden. Natürlich ist auch Selfpublishing ein Weg auf den Buchmarkt zu kommen, aber für Layout, Covergestaltung, Lektorat, Marketing und Vertrieb - all das erledigen die etablierten Verlage für dich -, musst du dann selbst sorgen.

Verlag oder Literaturagentur – was ist besser?

Um einen Verlagsvertrag zu bekommen, also dein Buch mit einem Verlag zu veröffentlichen, gibt es grundsätzlich zwei Wege. Entweder du kontaktierst direkt die in Frage kommenden Verlagsredaktionen oder du nimmst die Hilfe einer Literaturagentur in Anspruch. Beides kann funktionieren und wie so oft hat beides Vor- und Nachteile. Kurz zusammengefasst sieht es so aus: Wenn du einen Lektor (oder Redakteur; die Bezeichnungen sind je nach Verlag anders) für dein Buchprojekt begeistern kannst, wirst du den Vertrag direkt mit dem Verlag abschließen.

Findet ein Literaturagent für dich einen Verlag, der dein Buch veröffentlichen möchte, erhält der Literaturagent 15 bis 20 % Erfolgsprovision, die von deinem vertraglich vereinbarten Honorar abgezogen wird (das gilt auch für zukünftige Einkünfte aus dem Buchverkauf). Dafür hat er dich aber schon bei der Erstellung des Exposés unterstützt, es markttauglich geschliffen, deine Schreibprobe lektoriert und gute Konditionen für deinen Verlagsvertrag herausgehandelt. Literaturagenturen gehen also in Vorleistung und erhalten nur im Erfolgsfall, also einer Vermittlung an einen Verlag, eine Provision (von anderen Honorarmodellen, bei denen du als Autor schon mal im Vorhinein etwas an die Agentur bezahlen sollst, rate ich ab).

Wenn du dich genauer über Literaturagenturen informieren willst, findest du am Ende des Buchs hilfreiche Webseiten und Bücher, die ich dir empfehlen kann. Dort erfährst du, welche Agentur sich auf welche Genres konzentriert, wie ein Agenturvertrag aussehen kann und was du von einer guten Literaturagentur erwarten kannst.

Wie ich es geschafft habe

Mittlerweile habe ich über 50.000 Bücher verkauft, doch der Anfang war nicht leicht. Vorher stand mein Name auch in Büchern, im Impressum unter Projektleitung oder Lektorat, denn ich habe viele Jahre in verschiedenen Verlagen gearbeitet, doch ich wollte auch Autorin sein. Vor etwa zehn Jahren bin ich mit einer Buchidee auf der Frankfurter Buchmesse herumgelaufen und habe nach passenden Ratgeberverlagen für mein Buchprojekt *Babys brauchen Musik* gesucht. Damals habe ich *Musikgarten*®-Kurse unterrichtet und hatte jede Menge Material und Erfahrungen, das wollte ich gerne weitergeben. Auf der Buchmesse also klassische Kaltakquise – Verlage mit passendem Programm suchen, nach dem zuständigen Lektor fragen und hartnäckig bleiben. Ihr könnt euch nicht vorstellen, wie viele Menschen auf der Buchmesse mit dem Spruch unterwegs sind: „Ich möchte Ihnen mein Manuskript anbieten." Also ich auch … Sicher kam mir meine Branchenkenntnis zugute – ich hatte damals schon fast dreißig Jahre in Buchhandlungen und Verlagen gearbeitet -, ohne Klinkenputzen ging es trotzdem nicht.

Ich bin ziemlich oft abgeblitzt, und das nicht immer auf die nette Art. Doch irgendwann am Nachmittag fand ich einen Redakteur, dem meine Idee gefiel! Ein paar Tage später schickte ich mein Konzept und eine Schreibprobe ein. Dann wartete ich.

Du kannst dir vorstellen, wie ich mich gefreut habe, als ich eine Zusage bekam. Der Verlag wollte das Buch mit mir umsetzen. Ich bekam einen Autorenvertrag und einen Termin für die Manuskriptabgabe. Und dann hieß es: Schreiben, Schreiben, Schreiben. Nach wenigen Tagen bekam ich Panik. Wie sollte ich 170 Buchseiten (das war vorgesehen) füllen? Wie sollte ich das alles aufbauen und sinnvoll einteilen? Natürlich hatte ich das im Konzept schon alles durchdacht, aber im Schreibprozess erschien es mir wie eine Mammut-Aufgabe. Ich habe mir dann einen Schreibplan gemacht, die Gliederung immer wieder überprüft und mich daran entlang gearbeitet. Um mich herum tobte weiterhin mein Familienleben, der Haushalt – ohnehin nicht meine Lieblingsdisziplin – forderte mich und die Eltern-Kind-Kurse liefen auch weiter. Irgendwie hatte ich mir das Leben als Autorin anders vorgestellt.

Dennoch: Einen Monat vor dem Abgabetermin war ich fertig. Dann habe ich alles nochmal überarbeitet und schließlich habe ich die Datei abgeschickt. Doch damit war die Arbeit nicht vorbei. Nach einigen Wochen schickte mir die Lektorin das Manuskript und bat mich um Kürzungen, Änderungen, Ergänzungen, Zwischenüberschriften, usw. Das passierte noch zweimal, der Umschlag musste von mir geprüft werden, danach konnte ich die Druckfreigabe erteilen. Im Verlagsprospekt konnte ich schon bald sehen, wie das Buch aussehen würde. Etwa zwei Monate später hielt ich das erste Exemplar meines ersten eigenen Ratgebers in den Händen. Das war ein unglaubliches Glücksgefühl!

Das ist nun etwa zehn Jahre her. Heute bin ich Autorin mehrerer Elternratgeber – von denen über 20.000 Exemplare verkauft wurden – und zahlreicher Erstlesebücher und Kinderbücher, die in 10.000er Auflagen über die Ladentische gegangen sind. Ich schreibe als Autorin und arbeite als Lektorin an Texten anderer Autoren. Seit einiger Zeit arbeite ich als Themen- und Autorenscout für einen großen Verlag, das heißt ich suche aktuelle Themen, erstelle dazu Buchkonzepte und suche nach passenden Autoren. Gleichzeitig berate und begleite ich als Autorencoach Neu-Autoren bei der Verwirklichung ihrer Buchidee, unterstütze bei Konzept und Exposé und im Schreibprozess.

Ich wünsche dir, dass du auch bald dieses Gefühl erleben kannst, wenn man zum ersten Mal sein Manuskript als fertiges Buch in der Hand hält. Dabei möchte ich dir helfen.

Mit Büchern passives Einkommen schaffen

Das Bücherschreiben hat so viele gute „Nebenwirkungen"! Zum Beispiel: Einmal schreiben – immer wieder damit Geld verdienen. Das klingt doch gut, oder? Wenn du einen Verlagsvertrag unterschrieben hast, strengst du dich ein paar Wochen oder Monate lang an, schreibst ein Buch und dann fließt regelmäßig Geld auf dein Konto. Du erhältst Honorare vom Verlag und auch noch Tantiemen von der VG Wort (als Urheber eines Texts stehen dir Zahlungen zu). Natürlich kann man sich auch mit Selfpublishing passives Einkommen aufbauen, manchmal in erstaunlicher Höhe. Ob zu dir eher Verlag oder Selfpublishing passt? Dazu findest du mehr in Schritt 8.

Du siehst, es lohnt sich wirklich, noch heute anzufangen. Perfektionismus ist einem da wirklich nur im Weg, glaub mir. Vielleicht hilft es dir, wenn du dir sagst, dass dies dein erstes Buch ist, aber nicht dein letztes. Mit jedem

Schreibprozess und jeder Vertragsverhandlung lernst du dazu und wirst jedes Mal besser. Doch hab nicht den Anspruch, es schon beim ersten Mal perfekt zu machen.

Ein Buch ist die beste Visitenkarte

Hast du dir schon mal überlegt, wie deine Kunden und vor allem deine potentiellen Kunden darauf reagieren werden, wenn du nicht nur eine Visitenkarte oder ein goldenes Türschild hast, sondern ein eigenes Buch? Du kannst dich als Experte ganz neu positionieren, denn du bist derjenige, der zu einem bestimmten Thema ein Buch veröffentlicht hat. Dein Expertenstatus steigt, dein Ruf wird gestärkt, du wirst bekannter, Interviews werden angefragt, du kannst höhere Honorare verlangen, deine Auftragslage verbessert sich merklich, du wirst als Redner gebucht – es gibt eigentlich keine bessere Visitenkarte als ein Buch.

Ein eigenes Buch ist eines der besten Marketinginstrumente für Unternehmer und Dienstleister. Du wirst sofort als kompetent wahrgenommen, kannst dich potenziellen Kunden mit deinem Buch empfehlen und es – etwa zu Weihnachten – an Kunden verschenken.

Interview mit der Bestsellerautorin Heike Abidi

Wie hast du einen Verlag gefunden?

Letztendlich über eine Agentur. Ich habe mal einen Krimi geschrieben und versucht einen Verlag zu finden. Aber in den Redaktionen landen ja täglich Hunderte von Manuskripten und 99,9 % sind eher nix. Wie soll man da auffallen? Jedenfalls hörte ich entweder gar nichts von den Verlagen oder bekam die Standardantwort: „Vielen Dank für … leider … wünschen Ihnen alles Gute.“ Das hat mich erstmal so eingeschüchtert, dass ich eine Weile nichts mehr geschrieben habe. Dann habe ich im texttreff.de, einem Netzwerk für Frauen, die schreiben oder mit Texten arbeiten, erfahren, dass man über eine Agentur bessere Chancen hat, sein Buch zu veröffentlichen. Also habe ich ein Exposé mit einer Leseprobe an mehrere Agenturen geschickt, also kein ganzes fertiges Manuskript.

Von manchen Agenturen kam gar keine Reaktion, aber von einer erhielt ich direkt eine Zusage. Gleichzeitig gab es Interesse für ein anderes Projekt, an dem ich dann fast parallel arbeitete. So kam es, dass 2011 mein erstes Buch erschienen ist, ein Unterhaltungsroman,

Zimtzuckerherz. Dann ging eigentlich alles ganz schnell, denn meine Agentin ist sehr agil. Ich bekam Anfragen für ein Jugendbuch und für unterhaltende Sachbücher – das ist der Vorteil, wenn man bei einer Agentur ist, weil dort immer wieder Anfragen reinkommen wie „wir brauchen jemanden, der uns xy schreiben kann".

Also schrieb ich ein Jugendbuch, nämlich *Endlich 13.* Das war so erfolgreich, dass der Verlag gleich einen Folgeband daraus machen wollte. Meine Agentin hat dem Verlag gesagt, entweder eine ganze Reihe und auch noch die Sachbücher zu den Romanen dazu, oder gar nicht. Sie hatte recht, die Bücher laufen super.

Dann sagte meine Agentin: „Unterhaltsames Sachbuch ist überhaupt das Allerbeste." Ich wand ein, dass ich bezweifelte, die richtige Frau dafür zu sein. Wie kam ich dazu, anderen zu sagen, wie etwas zu laufen hat. „Mach mal", sagte sie und ich schrieb eins. Zusammen mit Lucinde Hutzenlaub entstand *Ich dachte, Älterwerden dauert länger.* Der Titel hat sich derartig gut verkauft! Das hätte ich nicht gedacht. Er war lange auf der Spiegel-Bestsellerliste.

Das Tolle an Sachbüchern ist der Schreibprozess: Zuerst schaffe ich eine klare Struktur durch die Themen, die ich auswähle, dann habe ich schon mal eine Kapitelübersicht. Da wird man während des Schreibens das eine oder andere ersetzen beziehungsweise austauschen, aber der Inhalt ist klar. Dann setze ich mich jeden Morgen an den Schreibtisch und suche mir ein Thema aus, das mich gerade anlacht. So geht die Arbeit schnell voran.

Wie viele Bücher hast du mittlerweile veröffentlicht?

Etwa 35, zum Teil auch mit einer Co-Autorin geschrieben. Auch in Anthologien bin ich dabei, weil ich oft das Konzept dafür entwickelt habe und dann natürlich auch die Texte zusammenstelle. Ich schreibe inzwischen übrigens gerne zu zweit. Es macht mir richtig Spaß, vorausgesetzt natürlich, die Chemie stimmt. Wenn du jemanden hast, der immer zu spät abgibt und so und du bist da anders aufgestellt, dann passt das auf Dauer nicht. Aber insgesamt habe ich gute Erfahrungen damit gemacht. Außerdem musst du auch nur ein halbes Buch schreiben! Vor allem, das ist wirklich der große Vorteil, hast du immer jemanden an der Seite, mit dem du dich austauschen kannst. Denn irgendwann steckt ja niemand mehr so tief in der Materie drin wie du. Wenn du dann eine Mit-Autorin hast, die über das gleiche Thema schreibt, hilft das ungemein.

Was würdest du heute anders machen?

Gelegentlich habe ich mich verleiten lassen, über etwas zu schreiben, dass eigentlich nicht zu meinen Kernthemen gehört, habe mich sozusagen überreden lassen. Manchmal war das trotzdem sehr erfolgreich, aber meistens eher nicht.

Was tust du, wenn du beim Schreiben festhängst?

Ich hänge selten fest. Ich bin Plotterin. Ich komme vom Werbetext, da lernt man das. Ich arbeite sehr strukturiert. Wenn man nicht gut plant, ist das doch alles wie ein Riesenberg. Nein, ich plane, halte mir die Wochenenden oft frei und rechne zum Beispiel aus, dass ich bis zum Manuskriptabgabetermin fünf Normseiten pro Tag schreiben muss. Das ist doch überschaubar und zu schaffen.

Ob Roman oder unterhaltendes Sachbuch – ich plotte immer sehr konsequent gleich am Anfang. Bei Romanen hat man ja eigentlich nur zwei kreative Arbeitsschritte: Erstens Geschichte ausdenken, zweitens Schreiben und sich auf das Formulieren konzentrieren.

Übrigens reiche ich das Exposé inzwischen schon recht ausführlich ein, also der Plot ist detailliert ausgearbeitet. Da ergeben sich im Austausch mit Lektoren sehr gute Sachen, weil sie vielleicht eine Idee haben oder auch einen Knackpunkt sehen. Manchmal arbeite ich das dann ein, manchmal aber auch nicht.

Wo und wann schreibst du?

Eigentlich tagsüber am Schreibtisch, manchmal auch im Zug. Ich brauche Ruhe um die Änderungen vom Lektorat einzuarbeiten. Allerdings sitze ich auch oft abends im Wohnzimmer auf dem Sofa, während meine Männer Fußball schauen oder Ähnliches. Da komme ich gut in den Flow, schaue mal auf, wenn ein Tor fällt, aber schreibe dann einfach weiter.

Was fällt dir beim Buchschreiben am schwersten?

Es zu Ende zu bringen. Vor den letzten Kapiteln muss ich regelrecht nochmal Anlauf nehmen. Da muss man ja alle Fäden nochmal zusammenbringen. So ein Happy End muss gut geschrieben sein, logisch zusammenhängen, nicht zu kitschig, aber doch mit Gefühlen. Diese Phase finde ich am anstrengendsten.

Welchen Tipp würdest du jemandem geben, der noch nie ein Buch geschrieben hat, jetzt aber endlich loslegen möchte?

Überhaupt erstmal anfangen, und die Ansprüche an sich selbst nicht so hochschrauben. Als ich begonnen habe zu schreiben, dachte ich immer, das muss jetzt ganz toll werden. Wenn man so fixiert ist, dann wird das nichts, da verkrampft man sich bloß. Irgendwann habe ich mir gesagt: Das muss nicht etwas Weltbewegendes sein, ich will doch vor allem unterhalten. Und wenn man das schafft, das ist doch schon was.

Ich frage mich zwischendrin immer mal: Wer soll das lesen und warum? Was hat derjenige davon? Wichtig ist, sich auf seine Kernbotschaften zu konzentrieren und sich zu fragen, was man unbedingt mitteilen möchte.

Was ich auch empfehle: Sich Autoren-Vereinigungen anzuschließen. Ich bin zum Beispiel Mitglied bei DELIA. Das ist die Vereinigung deutschsprachiger Liebesromanautorinnen und -autoren. In solchen Netzwerken bekommt man ganz tolle Kontakte und man unterstützt sich gegenseitig.

Heike Abidi schreibt sowohl Unterhaltungsromane für Erwachsene als auch Jugendbücher. *Alles, was Mädchen wissen sollten, bevor sie 13 werden* ist einer ihrer Bestseller. Sie schreibt auch unter Pseudonym. Anna Paulsen ist ein Pseudonym für einige der Liebesromane von Heike Abidi, etwa *Liebe M. Du bringst mein Herz zum Überlaufen.* Die überaus produktive Autorin sagt: „Ich will einfach gut unterhalten“, und das gelingt ihr bei jugendlichen und erwachsenen Lesern zugleich. Auf der Website von Heike Abidi erfährst du mehr über ihr Autorinnenleben, ihre Bücher und ihre Schreibworkshops. https://www.abidibooks.de/

So denken erfolgreiche Autoren

Wenn ich Menschen anspreche und sie frage, ob sie sich vorstellen können, zu diesem oder jenem Thema ein Buch zu schreiben, geht meist ein Strahlen über ihr Gesicht und sie sagen: „Das habe ich mir auch schon ein paarmal überlegt." Dann allerdings folgt schnell so etwas wie: „Aber, ehrlich gesagt, ich glaube nicht, dass ich ein ganzes Buch schreiben kann. Blogposts kann ich, klar, aber ein ganzes Buch?", oder „Ja, das wäre sicher gut, aber dazu muss ich erst noch einiges recherchieren, ich bin noch nicht so weit", oder „Na ja, aber das interessiert doch kaum jemanden. Ich meine, das funktioniert für mich, klar, aber sonst?", oder „Ich wüsste gar nicht, wie ich das anfangen soll", oder „Andere können das sicher besser."

Diese „Aber" bremsen. Genauer gesagt, wir bremsen uns selbst damit aus. Um diese Bremser aus der Welt zu schaffen, muss man sie sich zuerst einmal bewusst machen. Denn das ist das Fiese an ihnen: Sie lungern in unserem Unterbewusstsein herum, ohne dass wir uns darüber im Klaren sind. Diese Bremser, die uns daran hindern, unser volles Potenzial auszuschöpfen, boykottieren unser Vorhaben ein Buch zu schreiben. Es gibt sie in vielen Facetten. Bestimmt kommen dir einige der folgenden Sätze bekannt vor. Hinter ihnen verstecken sich negative Botschaften, und die wollen wir im Folgenden entlarven. Lass uns die negativen Glaubenssätze einmal im Detail ansehen und schauen, was dahintersteckt.

Keine „Aber“ mehr

„Ich bin noch nicht so weit“

Autoren neigen dazu, sehr streng mit sich zu sein. Sie streben nach Perfektion und gehen oft hart mit sich ins Gericht. Natürlich ist es gut, sich ständig verbessern zu wollen, aber zu viel Selbstkritik bremst aus und hindert einen daran, überhaupt anzufangen.

Alle Autoren streben insgeheim nach Anerkennung, wünschen sich Fünf-Sterne-Ratings bei Amazon und monatelanges Ranking in der Spiegel-Bestseller-Liste. Das kann man erreichen. Was man nicht erreichen kann, ist Perfektion oder einhellige Anerkennung. Es gibt immer jemanden, der das Werk zerreißt, jemanden, der nur einen Stern bei Amazon vergibt und jemanden, der den Titel von der Bestseller-Liste verdrängt. Mit dieser Unsicherheit muss man als Autor leben. Eigentlich ist diese Gewissheit auch erleichternd. Schließlich geht es dir nicht besser und nicht schlechter als anderen Autoren. Das Bücherschreiben ist nun mal eine lebenslange Anstrengung, ein ewiges Ringen um Verbesserung.

Es verhält sich so: Nur wer sich vom eigenen Perfektionsanspruch verabschiedet, wird seinen Traum vom Buch Wirklichkeit werden lassen. Wer das nicht kann, wird es nie fertig schreiben oder wahrscheinlich gar nicht anfangen. Nur wer in Kauf nimmt, dass es Kritiker gibt, die aus Prinzip alles zerreißen, was ihnen unter die Finger kommt, dass aus anderen „Meinungslagern" auch unter die Gürtellinie geschossen wird, dass ein Buch Neider auf den Plan ruft, und dass Bestseller-Listen viel mit Marketing zu tun haben, wird irgendwann sein fertiges Buch in Händen halten. Aber auch nur diese Mutigen unter euch werden begeisterte Leserbriefe oder Social-Media-Kommentare erhalten, und nur diese Mutigen werden eben vielleicht doch im Regal mit den Spiegel-Bestsellern landen. Wer nicht wagt, der nicht gewinnt.

Alles beginnt mit dem ersten Schritt. Muss der perfekt sein? Nein, sicher nicht. Was ist hier überhaupt perfekt? Es geht wirklich darum, anzufangen. Alles andere ergibt sich daraus. Auf den ersten Schritt folgt der zweite, dann der dritte, usw. Das ist das Magische an einer Schritt-für-Schritt-Anleitung: Sie trägt dich durch den Prozess und du musst nicht jeden Tag neu überlegen, was du als Nächstes tun musst.

„Ich habe das Buch ja schon mal angefangen, aber …"

Das ist völlig normal. Ich kenne keinen Autor, der nicht schon ein oder mehrere Manuskripte angefangen und nicht zu Ende gebracht hat. Damit kämpfen wir alle. Wahrscheinlich hast auch du schon ein paar Seiten geschrieben, dir hier und da Notizen gemacht oder interessantes Material zu deinem Thema gesammelt. Ich sage es nochmal, das geht allen so. Entscheidend ist, dass du es ab jetzt anders machst. Diesmal entwickelst du mit meiner Hilfe deinen persönlichen Schritt-für-Schritt-Plan. Da die einzelnen Aufgaben überschaubar sind, kannst du sie in dein Leben einbauen und sie nach und nach erledigen. So kannst du es gut schaffen, dir den Traum vom eigenen Buch zu erfüllen.

Es ist wichtig, dass du einen Neuanfang machst und deine gescheiterten Versuche hinter dir lässt. Vielleicht hast du es schon mit anderen Schreibkursen versucht und erinnerst dich, wie du diesem schon nach wenigen Tagen immer weniger konsequent gefolgt bist und schließlich nicht weiter gemacht hast. Wie gesagt, das ist normal. Wir alle kaufen Online-Kurse, fangen sie mit großem Elan an und verlieren nach wenigen Episoden den Biss. Ich habe sogar erst vor einigen Wochen in einem Anfall von Begeisterung einen Kurs gekauft, zu dem ich noch nicht einmal den Download-Link benutzt habe, der mir per Email zugesandt wurde. Verleitet durch eine ansprechende Instagram-Anzeige und den günstigen Preis habe ich auf Kaufen gedrückt und weiß jetzt schon nicht mehr so genau, worum es darin geht. So etwas passiert, aber ich habe aufgehört, mich für so etwas zu schämen oder mich über mich selbst zu ärgern. Ich lerne daraus, dass ich mir das nächste Mal eine Notiz mache, dass es diesen Kurs gibt, und wenn ich ihn dann wirklich brauche, kann ich ihn immer noch kaufen.

Also: Fang nochmal bei Null an. Denk nicht daran, was beim letzten Schreibversuch schiefgegangen ist. In diesem Ratgeber lernst du einen neuen Weg kennen, und wir werden ihn gemeinsam gehen. Ich werde dich auf die Fallstricke aufmerksam machen. Du erfährst von Fehlern, die andere - jetzt sehr erfolgreiche Autoren - auf dem Weg zum Buch gemacht haben und du kannst dir diese Umwege sparen.

► Profi-Tipp

Negative Gedanken hindern dich daran, dein Buch zu schreiben. Sie lauern überall. Stärke deswegen dein Autoren-Mindset mit positiven Gedanken und der Gewissheit, dass du mit meiner Schritt-für-Schritt-Anleitung zum Ziel kommen wirst.

Wichtig: Es geht darum, wie du in Zukunft über dich als Autor denkst, nicht was dich bisher ausgebremst hat.

Richte den Blick nach vorn und leg los.

„Das Buch wird niemand lesen wollen“

Wie überwindet man die Angst, dass niemand an dem Buch interessiert sein könnte? Mach dir klar, dass du dein Buch erstmal für dich selbst schreibst. Du folgst einem Wunsch tief in deinem Inneren, der dich schon lange begleitet. Du schreibst nicht primär für andere. Ein Buch ist in erster Linie ein Ausdruck deiner Selbst, deiner Sicht der Welt, deiner Erfahrungen und Erlebnisse. Je unverfälschter du dich in deinen Texten zeigst, umso mehr Menschen wird es geben, die dein Buch gerne lesen, weil sie deine Ehrlichkeit und Offenheit zu schätzen wissen und weil sie für sich etwas daraus ziehen können. Wenn du zudem noch deine Erfahrungen aus der Motivation heraus teilst, dass du andere Menschen unterstützen willst und ihnen etwas anbieten willst, dann hast du unbedingt das nötige Autoren-Mindset, mit einem Buch in die Welt hinauszugehen. Du musst jetzt nur noch die Entscheidung treffen, das Buch zu schreiben. Es geht um Action! Setz dich hin und leg los!

Übrigens haben selbst Blogger, die auf Facebook, Instagram und/oder Twitter mehrere Tausend Follower haben, deren Posts massenhaft kommentiert werden und die in ihren Facebook-Gruppen Tausende von Fragen beantworten, solche Selbstzweifel. Wenn so viele Menschen aktiv mit diesem Menschen in Kontakt treten und deren Meinung zu einer Frage wissen wollen, wieso sollten sie dann nicht mit großer Begeisterung auch ein Buch von diesem Menschen kaufen und lesen wollen?

„Ich weiß nicht, ob ich das kann. Ich bin ja nur …“

Du schaffst jeden Tag ganz viel. Du bist ein Experte in deinem Gebiet. Du füllst täglich deinen Erfahrungsschatz auf. Und trotzdem fühlst du dich nicht sicher genug, ein Buch darüber zu schreiben. Warum? Versuch dich mal so zu betrachten, wie jemand anderes dich sieht. Sehen die anderen nicht den Experten, die Macherin? Wahrscheinlich wirst du auch oft um Rat gefragt. All das sollte dir Mut machen und dein Autoren-Mindset stärken.

Vor einiger Zeit habe ich eine beeindruckende und sympathische Mamabloggerin angesprochen und gefragt, ob sie sich vorstellen könnte, ein Buch über ihre Erfahrungen mit ihren Söhnen zu schreiben. Außerdem könnte sie doch ihre große Social-Media-Community nutzen, um dort mit ein paar Umfragen Real-Talk-Material für ihr Thema zu recherchieren. Sie war überrascht von meiner Frage und reagierte eher zögerlich. Ein paar Tage später telefonierten wir, überlegten gemeinsam, wie das Buch aussehen könnte und welcher Stil ihr wohl am ehesten liegen würde. Rasch kristallisierte sich das Genre Ratgeber heraus. „Aber wer bin, dass ich anderen Ratschläge geben kann?“ fragte sie mich. Meine Antwort kam sofort: „Du bist Mutter zweier Söhne, Zwillinge wohlgemerkt, teilst deinen Familienalltag täglich mit über zehntausend Abonnenten auf Instagram und bekommst ständig positives Feedback, wie sehr du andere Frauen im Erziehungsalltag und im Familienleben unterstützt.“ Sie lachte. „Ja, das stimmt allerdings. Na ja, ich bin ja Journalistin, dann müsste das mit dem Schreiben schon klappen.“ Wir sind damals so verblieben, dass sie eine Gliederung entwirft. Zusammen haben wir dann das Konzept erarbeitet, sie hat geschrieben. Tja, und jetzt wird in wenigen Monaten ihr Buch bei einem großen Ratgeberverlag erscheinen und sie freut sich riesig.

„Ich habe keine Ahnung, wie ich das anfangen soll. Ein ganzes Buch schreiben?“

Ich will nicht drumherum reden. Ein Buch zu schreiben ist eine große Sache und erscheint zunächst wie ein riesiger Berg. Aber auch bei einer Bergbesteigung beginnt alles mit dem ersten Schritt. Und Schritt für Schritt nähert man sich dem Gipfel. Dazwischen ist es gelegentlich steinig und mühselig, es geht einem fast die Puste aus. Man muss nochmal seine ganze Kraft aufbringen, um auch die letzten Etappen zu schaffen. Doch am Ende wird man belohnt. Man hat sein Ziel erreicht.

Hier in diesem Ratgeber geht es um den ersten Teil der Besteigung, sozusagen bis zum Basislager. Wir machen gemeinsam die zehn ersten Arbeitsschritte, mit dem Ziel, die fertige Verlagsbewerbung zu verschicken. Von diesem Basislager aus geht es nachher für dich weiter, Schritt für Schritt. Denn auch das Schreiben des ganzen Manuskripts lässt sich plotten, also planen, und in einzelne Schritte aufteilen. Man muss nur wissen wie. Auch dann bin ich gerne für dich da.

„Dazu muss ich erst noch eine Menge recherchieren“

Damit bremsen sich vor allem Perfektionisten aus. Sie wollen erst „alles“ zu ihrem Thema gelesen, recherchiert und durchforstet haben, bevor sie beginnen zu schreiben. Das ist eine ganz hinterlistige Bremse. Wenn sie dein Denken bestimmt, wirst du dieses Buch nie schreiben. Es ist doch klar: Niemand kann alles zu einem Thema wissen, und sollte er tatsächlich heute auf dem neuesten Stand sein, ist dieser morgen schon veraltet.

Versteh mich richtig: Gründliche Recherche ist wichtig, egal, ob es um einen Elternratgeber, einen historischen Roman oder ein unterhaltendes Sachbuch über den neuen Hund in der Familie geht. Ich bin sehr fürs gute Recherchieren. Aber sie macht nur Sinn, wenn du sie gezielt auf dein Thema ausrichtest und dir zugestehst, dass du niemals alles wissen kannst. Und ehrlich – wer will denn ein mit Fakten vollgespicktes Buch mit Hunderten von Fußnoten lesen (es sei denn, es handelt sich um ein Fachbuch oder ein Buch für eingeweihte Kreise an der Universität, aber darum geht es in hier nicht).

Konzentriere dich also bei der Recherche auf wirklich relevante Informationen, die deine Thesen und Gedanken unterstützen oder die du widerlegen möchtest, sammle je nach Thema Real-Talk-Meinungen, praktische Ideen und interessante Hintergrundinfos, aber verliere nicht den Blick fürs Wesentliche. Behalte dabei immer deine Zielgruppe im Blick (dazu noch mehr in Schritt 3).

Das Problem mit zu viel gesammeltem Material ist in der Tat, dass es schnell unübersichtlich wird. Als Autor müllt man sich manchmal selbst damit zu und kann nur mit Mühe die für dieses eine Buch relevanten Informationen herausfiltern. Frag dich deswegen während der

Recherche und dem Schreiben immer wieder: Will mein zukünftiger Leser das wissen? Interessiert es ihn oder schweife ich hier zu sehr ab?

Manchmal treten Menschen mit ihrer Buchidee an mich heran, die sehr viel Erfahrung in ihrem Spezialgebiet haben. Sie arbeiten beinahe täglich mit Klienten, Patienten oder Coachees. Dementsprechend verfügen sie über einen großen Fundus an Erfahrung. Wunderbar - könnte man meinen. So viele Beispielgeschichten aus dem wahren Leben geben doch eine fantastische Materialsammlung her. Das Problem ist in manchen Fällen jedoch, diejenigen Geschichten auszuwählen, die zum Kernthema des Buches passen. Viele streifen die zu lösende Problematik vielleicht, sind aber doch nicht typisch. Solchen Autoren, die aus der Praxis kommen, fällt es oft schwer, sich von den nicht ganz so passenden Geschichten zu trennen und nur die wirklich guten Beispiele in ihr Buch aufzunehmen. Ich rate in solchen Fällen dazu, das jetzige Projekt als das erste Buch zu betrachten. Die anderen Geschichten können ja dann im nächsten Buch ihren Platz finden. Das hilft, den Fokus auf die relevanten Beispielgeschichten zu dem aktuellen Thema herauszufischen und zu bearbeiten.

„Dann habe ich ja für nichts mehr Zeit“

Insgeheim fürchtest du dich davor, wie das Bücherschreiben und der mögliche Erfolg dein Leben umkrempeln könnte. Wenn du das Exposé rausschickst, könnte es ja sein, dass jemand anruft und fragt: „Bis wann könnten Sie das Manuskript denn fertig haben? Wir würden es gerne ins nächste Programm reinnehmen.“ Und dann? Was ist dann mit deinen anderen Plänen? Du wolltest ja jetzt erstmal in Urlaub fahren, du hättest kaum noch Zeit für Familie und Sport, geschweige denn deine anderen Hobbys. Du würdest nur noch Schreiben, Schreiben, Schreiben.

Was soll ich dir sagen? Ehrlich gesagt, du musst dich entscheiden. Hinter einem Buch steckt in der Tat eine Menge Arbeit. Wenn du dich dafür entscheidest, es anzupacken und zu schreiben, wirst du für eine bestimmte Phase in deinem Leben weniger Zeit für anderes haben. Aber eben nur für diese Phase. Davor und danach kannst du genauso weitermachen wie bisher. Das Schöne am Bücherschreiben ist, dass man diesen Prozess abschließen kann. Ist das Buch erst gedruckt, kannst du dich zurücklehnen. Es macht natürlich Sinn, Energie ins Vermarkten und in die Werbung zu investieren – übrigens schon bevor das Buch fertig ist -, doch das sind andere Tätigkeiten und nicht so einsam wie das Schreiben.

► Profi-Tipp

Wenn dich der „Schreibberg" schreckt, nimm dir pro Schreibtag 200 Wörter vor. Das ist gut zu schaffen und dauert etwa eine halbe Stunde, wenn du gleichzeitig recherchierst vielleicht eine Stunde. So viel Zeit kannst du bestimmt aus deinem Tagesablauf herausschneiden und täglich zum Schreiben reservieren. Es ist ja nur eine Phase!

Damit du dir das mal vorstellen kannst: Ein kleinformatiges Buch mit 40 bis 50 Seiten hat ca. 10.000 Wörter. Wenn du 50 Tage jeden Tag 200 Wörter schreibst, ist es fertig! Und vermutlich schreibst du an vielen Tagen mehr Wörter und kürzt die Zeit auf einen Monat ab.

Das Buch, das du gerade liest, enthält ca. 26.000 Wörter. Ein umfangreicherer Ratgeber mit etwa 220 Seiten besteht aus ca. 50.000 bis 60.000 Wörtern, ausgehend von den üblichen Buchformaten und Schriftgrößen. Enthält er Illustrationen, sinkt natürlich der Textanteil, also die Anzahl der benötigten Wörter. Ein kurzer Roman besteht übrigens aus etwa 70.000 Wörtern.

Bei all diesen Zahlen sind Titelei, Inhaltsverzeichnis und Literaturnachweise mit eingerechnet.

Glaub mir, wenn du immer weiter auf diesen Moment wartest, an dem du Zeit hast, an dem du dich bereit, inspiriert und genügend vorbereitet fühlst, wirst du nie anfangen. Deswegen: Fang heute mit dem ersten Schritt an. Der erste Schritt ist übersichtlich und ist in maximal zwei Stunden erledigt. Und obwohl er wenig Zeit kostet, wirst du damit dein Buch beginnen. Noch heute!

„Ich mach erstmal noch diesen Kurs“

Ein ganz blöder Bremser, dieser Satz, denn so lange man den Kurs nicht gemacht hat, fängt man auch das Buch nicht an. Wenn es dir auch so geht, fühlst du dich noch nicht kompetent genug, noch nicht bereit. Du verknüpfst du dein Autoren-Selbstbewusstsein mit einem Zertifikat, einer Ausbildung, einer Auszeichnung. Du sagst dir: „Wenn ich diese Fortbildung erfolgreich abgeschlossen habe, habe ich die nötige Qualifikation über mein Thema zu schreiben.“

Sei ehrlich - was glaubst du, wird passieren, wenn du diese Fortbildung abgeschlossen hast? Wirst du dich dann bereit fühlen für dein Buch? Oder hast du dann immer noch das Gefühl, dass etwas fehlt, um beginnen zu können?

Aus meiner Erfahrung kommt dieser Moment nie. Es wird immer noch etwas zu lernen geben, etwas, das du nicht weißt, etwas, das du nicht kannst, etwas, das dir fehlt. Entscheidend ist, JA zu sagen zum Schreibprozess und währenddessen zu merken, was es noch zu recherchieren und zu lernen gilt, damit das Buch rund wird. Darum frage dich, ob du wirklich erst noch das Zertifikat zur Kita-Leiterin, NLP-Coach oder was auch immer brauchst, um mit dem Buch zu beginnen. Meistens steckt schon so viel Wissen in dir, dass es für mehr als ein Buch ausreicht. Schreib dir einmal auf, welche Abschlüsse du schon gemacht hast, woran du gearbeitet hast und arbeitest und frage dich dann, ob noch etwas fehlt als Arbeitsgrundlage für dein Buch. Wenn ja, gehe es an, aber du kannst gleichzeitig schon anfangen zu schreiben. Wenn nicht, umso besser.

Manchmal rührt der Antrieb für eine Zusatzausbildung bei Autoren auch daher, dass sie sich eine Legitimation gegenüber den Verlagen wünschen. Sie glauben, dass mit einem Doktortitel, einer Zusatzausbildung zum Business Consultant oder Life-Coach ihre Chancen bei der Manuskriptauswahl besser stehen. Zudem fühlen sie sich gegenüber den zukünftigen Lesern in einer besseren Position, sozusagen ein „Autor mit Diplom“. Das lässt sich nicht von der Hand weisen, denn viele Menschen reagieren auf Titel mit Hochachtung und Respekt. Dennoch kann man über die meisten Themen sehr gute Bücher einfach mit dem gesunden Menschenverstand schreiben. Sehr viele kluge Sachbücher und Ratgeber sind von Menschen verfasst, die in einem Bereich eine Menge Erfahrungen gesammelt haben und diese in leicht verständliche Worte fassen können. Und leicht verständlich zu schreiben ist gerade Spezialisten und Universitätsprofessoren nicht immer gegeben.

▶ Profi-Tipp

Verknüpfe dein Autoren-Selbstbewusstsein nicht mit Titeln und Abschlüssen, sondern gib dir die Erlaubnis, jetzt mit dem Buch zu beginnen, auch wenn du nicht alles über dein Thema weißt.

Du bist auf dem Weg, du bist ein Streber (im besten Sinne des Wortes, denn du strebst nach dem Besten, was du leisten kannst), du wirst dich dafür anstrengen, dabei lernen. Aber du weißt in deinem Innern: Du wirst nie alles zu deinem Thema wissen können, und das ist auch überhaupt nicht nötig.

Sei stolz darauf, dass du nach der bestmöglichen Variante deines Buchs strebst, aber nicht nach der perfekten.

„Man wird sich über mich lustig machen“

Diese Angst kennen alle Autoren, und niemand möchte für sein Buch ausgelacht werden. Oder öffentlich niedergemacht. Zugegeben, es gibt solche Fälle, aber die sind eher selten. Natürlich gibt es in den sozialen Netzwerken die Möglichkeit, zu bashen und jemanden unsachlich anzugehen. Auch Buchkritiken können harsch sein und verletzend. Je stärker du mit deinem Buch polarisierst, umso mehr Gegenstimmen rufst du auf den Plan. Aber das sollte dich nicht abschrecken, wenn es „dein“ Thema ist.

Als ich an meinem Buch *Starke Kinder brauchen Regeln* schrieb, hatte ich immer mal wieder die Horrorvorstellung, dass nach Erscheinen des Buchs Folgendes passieren würde: Ich bringe meine Tochter zur Schule, wir kriegen uns in die Haare, ich werde laut, meine Tochter wird laut, und die Mütter, die sich allmorgendlich vor der Schule versammeln und noch dies und das austauschen, schauen zu. Plötzlich sagt eine: „Schau mal! Ist das nicht die Frau, die diesen Elternratgeber geschrieben hat?“ Also ich weiß nicht, ob das je passiert ist, aber da kann ich nur sagen: Ich versuche es gut zu machen, aber perfekt bin ich auch nicht.

Sei selbstbewusst und steh zu deinem Buch! Selbstbewusstsein als Autor entsteht, wenn man durch den ganzen Prozess des Recherchierens und Schreibens durchgegangen ist und das Buchprojekt schließlich abgeschlossen hat. Das kann dir keiner nehmen. Du bist dann einer von denen, die nicht jahrelang davon reden, dass sie mal ein Buch schreiben, sondern du gehörst zu jenen, die es wirklich angepackt, durchgezogen und fertiggestellt haben. Fühlt sich das nicht gut an?

Tatsächlich gibt es höchstwahrscheinlich sogar im Freundes- und Bekanntenkreis jemanden, der sich über dein Buchprojekt lustig macht. Das wird sich nicht vermeiden lassen. Damit musst du als Autor leben. In dem Moment, in dem du mit einem Buch deine Meinung oder deine Lieblingsgeschichte öffentlich machst, machst du dich angreifbar. Aber glaub mir, wenn du nicht Sebastian Fitzek oder Rosamunde Pilcher heißt, wird kaum jemand sofort merken, dass du ein Buch veröffentlicht hast. Ja, das ist so! Nicht sehr ermutigend, aber wahr. Außer deiner Familie und deinen guten Freunden, denen du natürlich stolz davon erzählt hast, kriegt das erstmal kaum jemand mit. Es sei denn, du wirst direkt als die große Sensation im Herbstprogramm deines Verlags (der ein großer Player ist) angekündigt und gefeiert. Dann sieht es anders aus. Du tauchst vielleicht in Talkshows auf und dein Buch wird in den großen Buchhandlungen im Eingang stapelweise angeboten. Doch auch dann werden dich die Leute nicht gleich im Café erkennen und dich um ein Autogramm bitten oder dir Bier ins Gesicht schütten, denn es interessieren sich gar nicht alle Leute für Bücher und Autoren. Und selbst wenn sie deinen Namen kennen, wie sollten sie dich auf der Straße erkennen?

Für die meisten Autoren ändert sich also äußerlich gar nicht viel, wenn ihr Buch veröffentlicht wird. Sie können weiterhin unbehelligt riesige Mengen an Süßigkeiten einkaufen, sich in der Öffentlichkeit ausgiebig die Nase putzen und mit ihren Kindern im Freibad herumhopsen. Kaum jemand wird sie erkennen geschweige denn ansprechen.

So hilft dir ein positives Autoren-Mindset

Die meisten Menschen, die schreiben wollen, schleppen mehrere Sätze, wie ich sie hier gesammelt habe, durchs Leben. Solche negativen Glaubenssätze bremsen und halten uns von dem ab, was wir als Autoren wollen, nämlich unser Buch schreiben und veröffentlichen.

Damit du die negativen Gedanken abwerfen kannst, habe ich positive Glaubenssätze, manche sagen auch Affirmationen, für dich entworfen. Schau dir die folgenden Sätze an und notiere dir diejenigen, die du für dein neues Autoren-Mindset brauchst. Am besten legst du dafür ein spezielles Autoren-Notizbuch an und schreibst dir diejenigen auf, die für dich wichtig sind. Über die Zeit wirst du dazu sicher noch eigene Gedanken und Formulierungen notieren.

Lies dir diese Sätze immer durch, bevor du dich zum Schreiben hinsetzt. Das kommt dir vielleicht komisch vor, aber viele erfolgreiche Menschen sind deswegen so erfolgreich, weil sie genau das tun. Sie lesen ihre Affirmationen immer wieder morgens oder eben vor dem Arbeitsbeginn - leise oder laut. Das programmiert das Unterbewusstsein auf Erfolg.

Positive Glaubenssätze für Autoren

Mit einem Plan schaffe ich es Schritt für Schritt, mein Buch zu schreiben.

Der perfekte Moment ist jetzt.

Mein Buch ist wichtig.

Ich mache meinen Traum vom eigenen Buch jetzt wahr. Ich warte keinen Tag länger.

Ich bin gut genug. Ich brauche kein Zertifikat.

Ich kann ein ganzes Buch schreiben, weil ich den Prozess in einzelne Arbeitsschritte zerlege.

Ich schreibe meine Rechercheergebnisse in meinen eigenen Worten auf.

Schreiben tut mir so gut.

Mit einem realistischen Schreibplan erreiche ich mein Ziel.

Mit Schreibplan und Kalender werde ich auch zukünftig genügend Zeit für Familie, Freunde und Hobbys und Pflichten haben.

Es ist nicht wichtig, ob andere Menschen meine Passion verstehen. Ich schreibe auf jeden Fall mein Buch.

Ich suche mir gleichgesinnte Menschen, mit denen ich den Weg des Schreibens gehe. Wir unterstützen uns gegenseitig.

Mein Thema ist auch für andere Menschen wichtig. Ich möchte mein Wissen und meine Erfahrungen mit anderen teilen.

Ich werde anderen Menschen mit meinem Buch helfen.

Ich habe die Kraft, das Buch jetzt in Angriff zu nehmen, ich habe die Energie, das Exposé zu schreiben, und ich habe den Mut, es in die Welt hinauszuschicken.

Dieses Buch will ich für mich schreiben.

Hilfreiche Routinen für Autoren

Ändern die Menschen um dich herum auch gerade ihr Leben? Sie machen Sachen, die du ihnen gar nicht zugetraut hättest? Jeden Morgen eine halbe Stunde meditieren, vor dem Frühstück fünf Kilometer laufen, mittags immer einen grünen Smoothie trinken, nachmittags Obst statt Kuchen, vor dem Schlafengehen 20 Minuten Yoga zur Entspannung. Vermutlich hast du das eine oder andere davon auch schon probiert. Womöglich hast du auch schon etwas davon in deinen Alltag übernommen. Wenn du es geschafft habt, eine neue Routine zu entwickeln, wirst du auch festgestellt haben, dass es eine Weile dauert, bis sich die geänderte Lebensweise quasi automatisiert. Aber dann funktioniert es. Genau auf diese Weise kannst du gute Schreibroutinen in dein Leben einbauen, die dich jeden Tag dem Ziel „Mein eigenes Buch" näherbringen.

Damit du durchhältst empfehle ich dir, deine Routine für jeden Tag der Woche in deinen Kalender einzutragen. Meine Erfahrung ist schlichtweg die: Was im Kalender steht, und zwar mit Tag und Uhrzeit, mache ich auch. Was nicht drinsteht mache ich vielleicht, vielleicht auch nicht. Manchmal vergesse ich es einfach, manchmal schiebe ich es raus, bis es Abend ist und ich es ja dann genauso gut erst morgen machen kann, dann aber wirklich … Du kennst das, so wird das nichts.

Deswegen fängst du am besten jetzt schon damit an, deine Schreibzeit als Routine zu etablieren. So kannst du nicht nur in recht kurzer Zeit dein Exposé fertigstellen, sondern in überschaubarer Zeit ein ganzes Buch schreiben.

Ein Buch ist (nur) eine Phase

Das heißt nicht, dass du ab jetzt dein ganzes Leben lang jeden Tag stundenlang schreiben musst. Nein, es heißt nur, dass du in den nächsten Wochen Zeitblöcke zum Schreiben und Recherchieren einplanst. Ein übersichtliches EBook ist gut in 4 Wochen zu schaffen, ein Ratgeber mit 170 Seiten in 8 bis 12 Wochen, ein Roman in weniger als einem Jahr. Du siehst: Ein Buch ist keine Lebensaufgabe. Nein, es ist eine Aufgabe für eine bestimmte Phase in deinem Leben. Nicht mehr und nicht weniger. Warum es also länger aufschieben?

Meine Arbeitsmethode, die ich dir in diesem Ratgeber vorstelle, beruht darauf, dass du mit einem Terminplan arbeitest. Es gibt eine Anfangsdatum (wenn du mit Schritt 1 beginnst) und ein Enddatum (wenn du dein Manuskript verschickst, also Schritt 10).

Warte nicht länger
AUF DEN PERFEKTEN
MOMENT

Schritt 1: Plane dein Buchprojekt

Vielleicht bist du ein Sonderfall, aber die meisten Menschen brauchen ein bisschen Druck, um „endlich“ mit etwas anzufangen und um „endlich“ damit fertigzuwerden. Falls du dich auch dazuzählst, gibt es ein paar bewährte Tricks, um ein Buchprojekt von Anfang bis Ende durchzuziehen.

Entscheide dich jetzt für dein Buch!

Welches sind deine Buchprojekte? Wahrscheinlich hast du nur nicht nur eine Idee für ein Buch, sondern mehrere. Ich zum Beispiel trage immer eine Romanidee oder einen Kinderbuchplot mit mir herum, während ich an einem Ratgeber schreibe. Die hübschen Notizbücher, die ich mir immer mal für die Romanskizzen kaufe, sind zum Teil gut gefüllt, es gibt auch etliche Word-Dateien mit angefangenen Krimis, Romanen und Kinderbüchern, aber in den letzten Jahren haben jedes Mal die Ratgeber „gewonnen“ und wurden zu Ende geschrieben. Warum das so ist? Bei mir hat es sicher den Grund, dass ich erstens schon mehrere Ratgeber geschrieben habe, also weiß, ich kann das, und dass ich zweitens die Erfahrung gemacht habe, dass es sehr, sehr viele Belletristik-Autoren gibt und ich mich da in einem extrem hart umkämpften Markt behaupten muss. Als Ratgeberautorin hingegen habe ich schon einen Namen, ein gutes Standing und ein hilfreiches Netzwerk.

Also, dein erster Job ist es, alle deine Buchideen in dein persönliches Autoren-Notizbuch zu schreiben (falls du noch keines angefangen hast, ist es jetzt höchste Zeit, denn darin sammelst du alle Buchideen und Gedanken rund ums Schreiben). Schau dir deine Liste mit Buchideen an. Nun entscheide dich für ein Projekt und gib ihm einen Arbeitstitel. Du kannst auch noch einen oder zwei Untertitel dazu notieren, damit der Fokus klarer wird. Hier bitte nicht verkünsteln – dir werden beim Schreiben noch viele mögliche Titel einfallen. Diese sammelst du am besten am Anfang deines Manuskripts. Je mehr, desto besser. Am Ende des Schreibprozesses wirst du sehr schnell sehen, was passt und was nicht. Doch jetzt ist der Titel wirklich nur ein Arbeitstitel, damit das Kind einen Namen hat.

Vielleicht brennst du zurzeit ohnehin so sehr für ein bestimmtes Thema, dass du gar nicht lange überlegen musst, worüber du schreiben möchtest.

Ich empfehle dir jedenfalls bei deinem ersten Buch ein Thema und ein Genre zu wählen, dass dir überschaubar und vertraut erscheint. Für manche von euch ist das eher ein Roman, für andere ein Sachbuch über ein bestimmtes Thema. Wichtig ist, dass du nicht an drei Büchern gleichzeitig schreibst, das verzögert, ja verhindert deinen Erfolg. Freu dich stattdessen auf das Erfolgserlebnis, wenn ein Buch fertiggestellt ist. Danach kannst du dich dem nächsten Buch widmen. Ich halte es da mit den Erfolgsautoren Gary Keller und Jay Papasan, die in The One Thing, genau das zeigen: Wer sich auf ein Projekt konzentriert, wird sein Ziel sehr schnell und mit Freude daran erreichen.

Entwirf deinen Plan rückwärts

Deine nächste Aufgabe ist es, mindestens einen Termin zu notieren. Am ersten Termin soll dein Buchexposé fertig sein, der zweite Termin bezieht sich auf das fertige Manuskript.

Was meine ich mit fertigem Buchexposé? Es bedeutet, dass du das Exposé an diesem Tag an Verlage oder Literaturagenturen abschicken wirst. Du hast bis dahin alle 7 vorbereitenden Arbeitsschritte erledigt, das Exposé hat demnach eine überzeugende äußere Form und enthält möglichst keine Rechtschreibfehler mehr (irgendwas übersieht man immer, das ist normal), das Inhaltsverzeichnis ist logisch aufgebaut und spiegelt den Inhalt deines Buchs wider. Es gibt einen knackigen Buchtitel und zwei erläuternde Untertitel. Am Ende von Schritt 7 kannst du dich endlich bei Verlagen mit einem Exposé vorstellen, du versendest es an ausgewählte Verlage – raus in die Welt damit!

Im Allgemeinen rechne ich für das Erstellen des Buchexposés zwischen zwei und acht Wochen bei meinen Coachees. Das hängt davon ab, ob sie nebenberuflich schreiben oder sich tagsüber damit beschäftigen können. Es macht außerdem einen Unterschied, ob zuvor noch eine ausführliche Themenrecherche nötig ist.

Da ein Exposé aus mehreren Teilen besteht, kannst du die Arbeit in „Häppchen" aufteilen. Das hat den Vorteil, dass du strukturiert vorgehen kannst und eine Teilaufgabe nach der anderen abhaken kannst. Vereinbare für jedes „Häppchen" wiederum einen Abgabetermin mit dir selbst und fixiere ihn im Kalender.

Während du auf die Reaktionen von Verlagen und Agenturen wartest, schreibst du natürlich an dem Manuskript weiter. Ich rate dir aus Erfahrung, wirklich weiterzuschreiben und das Manuskript zu Ende zu bringen. Selbst wenn der Verlagslektor später rät, die Zielgruppe noch genauer anzusprechen oder die Reihenfolge des Inhalts umstellen möchte, hast du einen guten Grundstock an geschriebenem Material zu deinem Thema.

Auch das Schreiben des vollständigen Manuskripts kannst du wunderbar in „Häppchen“ aufteilen. Wenn du ein Sachbuch oder einen Ratgeber schreibst, kannst du einzelne Kapitel oder Unterkapitel in deinen Schreibplan und deinen Kalender eintragen, die du dann jeweils schreibst. Die Reihenfolge muss dabei nicht dem Inhaltsverzeichnis folgen. Bei einem Roman ist es vermutlich leichter, wenn man die zeitliche Reihenfolge einhält, aber keineswegs zwingend. Das hängt ganz vom Aufbau des Romans ab.

Seitenumfang und Wörteranzahl errechnen

Vielleicht denkst du jetzt: Wie soll ich denn jetzt schon wissen, wie lange ich dafür brauche und wie viele Seiten das Buch haben wird? Natürlich weißt du es nicht genau, das ist richtig. Aber: Du hast sicher ein oder zwei Bücher zu Hause, die ungefähr den Umfang haben, den du dir für dein Projekt vorstellst. Hier kannst du eine volle und eine nicht ganz so volle Buchseite auszählen und daraus die gesamte Wörteranzahl des Textteils errechnen. Das gibt dir einen Richtwert, mit dem du für dich weiterrechnen kannst.

Die benötigten Arbeitsstunden kalkulieren

Die meisten Autoren schreiben zwischen 200 bis 400 Wörter in 30 Minuten. Du weißt selbst, ob du ein Schnellschreiber bist oder nicht. Wenn du unsicher bist, schreib einfach 30 Minuten lang und zähle dann nach. Mit diesen Variablen kannst du die gesamte Zahl an Arbeitsstunden berechnen, die du ungefähr für die Schreibprobe beziehungsweise auch für das gesamte

Buchprojekt brauchen wirst. Ein kleiner Ratgeber im DIN-A-5-Format mit circa 50 Seiten enthält etwa 10.000 Wörter – das nur mal so als Orientierung.

Wie viel du an einem Tag schreiben kannst, wird sicher sehr variieren. Dennoch ist es gut, wenn du jeden Tag etwas schreibst. An guten Tagen schaffe ich auch 3000 Wörter, an anderen nur 200. Entscheidend ist, dass du den Faden nicht abreißen lässt.

Ein Termin für die Manuskriptabgabe

Wie schon gesagt, ich halte es für wichtig, dass du dich festlegst und mit dir selbst Termine machst. Die meisten Menschen brauchen nun mal eine Deadline, Inspiration hin oder her.

Auch wie viel Zeit man für das vollständige Manuskript einplant, hängt entscheidend von der Art des Buchprojekts ab. Hier hilft es genauso, wenn man die Schreibarbeit in kleinere „Häppchen“ zerlegt. Für jede Etappe solltest du in deinem Kalender einen Eintrag machen. Grundsätzlich rate ich beim ersten Buch zu übersichtlichen Projekten, also einem Buch mit maximal 200 Seiten. Es kann aber auch nur 50 Seiten haben. Mein Rat beruht darauf, dass jedes abgeschlossene Projekt dein Selbstbewusstsein stärken wird und somit dein Autoren-Mindset. Das erste Buch ist das schwerste, weil man noch nicht weiß, wie es geht. Beim zweiten wirst du deine Erfahrungen nutzen.

► Profi-Tipp

Erzähle möglichst vielen Freunden und Familienmitgliedern von deinem Buchprojekt bzw. Buchexposé und wann du planst, es fertig zu haben. Bitte die anderen darum, dich regelmäßig nach deinen Fortschritten zu fragen.

Das hat drei gute Effekte: Erstens kannst du dann immer mal wieder jemandem von deinem Buch erzählen (und dabei klären sich häufig offene Fragen im Text), zweitens fühlst du dich mehr verpflichtet, deine selbst gesetzten Termine einzuhalten, und drittens werden die anderen dir Mut zu sprechen und dich durch die Täler tragen, wenn es mal nicht so läuft.

Interview mit der Ratgeberautorin und Bloggerin Nicole Weiß

Wie hast du einen Verlag gefunden?

Du hast mich gefunden. ;-)

Hast du ein Exposé, ein fertiges Manuskript oder einfach eine Buchidee angeboten?

Siehe oben

Wie viele Bücher hast du mittlerweile veröffentlicht?

2

Was würdest du heute anders machen?

Ich würde meinen Zeitplan von Anfang an besser strukturieren

Was tust du, wenn du beim Schreiben festhängst?

Den Laptop ausmachen und raus gehen. Danach läuft es meistens wie von selbst wieder.

Wo schreibst du?

Zuhause an meinem Schreibtisch

Wann schreibst du?

Nachmittags, abends, nachts, wenn meine Kinder versorgt sind, oder schlafen.

Was fällt dir beim Buchschreiben am schwersten?

Das große Ganze im Blick zu behalten und alles konsistent zu halten.

Welchen Tipp würdest du jemandem geben, der noch nie ein Buch geschrieben hat, jetzt aber endlich loslegen möchte?

Einfach anfangen und jeden Tag schreiben, z.B. eine Seite und nicht vor dieser riesigen Aufgabe zurückschrecken.

Nicole Weiß gibt auf ihrem Blog für Mütter und Väter https://familieordentlich.de/ alltagstaugliche Tipps für Familien, die sich mehr Ordnung, weniger Gerümpel und mehr Zeit miteinander wünschen. Als ich sie im Herbst 2016 anrief und fragte, ob sie sich vorstellen könnte, einen Ratgeber für Familien mit hilfreichen

Routinen und Lifehacks zu schreiben, sagte sie sofort: „Oh, ein Buch schreiben steht auf meiner Bucket List!“ Knapp fünf Monate später, in denen wir gemeinsam das Konzept erstellt hatten und durch die Lektoratsphase gegangen waren, erschien *Familie Ordentlich. Familienalltag entspannt im Griff, Ordnung halten, Freiräume schaffen. Die 30-Tage-Challenge*. (Ihr fertiges Manuskript hatte sie genau 2 Tage vor dem geplanten Geburtstermin ihres dritten Kindes abgegeben!) Ihr zweites Buch heißt *Familie hyggelig. Ordnung und Gemütlichkeit im Familienalltag.*

Schritt 2: Recherchiere effizient und gezielt

Sammle Material zu deinem Thema

Die Hauptarbeit eines Autors ist das Schreiben. Logisch. Aber es gehört noch viel mehr dazu. Vielleicht bist du jeden Tag mit deinem Thema beschäftigt, arbeitest mit Menschen und bringst ihnen etwas dazu bei, steckst also voll in der Praxis. Das ist die beste Grundlage, um über dein Thema zu schreiben. Wenn du ein Buch darüber in Angriff nehmen willst, solltest du dir angewöhnen, täglich Notizen zu machen, was in das Buch rein muss. Typische Fragen von Klienten, Bedürfnisse, die du erkannt hast, Kniffe, die besonders gut funktioniert haben, interessante Geschichten deiner Kunden, die Entwicklung, die sie mit dir gemacht haben. All das wird dein Fundus für den Schreibprozess selbst. Nutze deine Erfahrungen aus dem Alltag, sie sind ein wertvoller Schatz.

Dasselbe gilt, wenn du über dein Hobby oder ein besonderes Interessensgebiet schreibst, etwa *Voltigieren mit Kindern*, *Die schönsten*

Campingplätze in Italien oder *Vogelbeobachtung für Anfänger*. Sammle Material und habe immer etwas dabei, um dir Notizen zu machen. Morgens beim Zeitung lesen, abends bei den Fernsehnachrichten, beim Netflix gucken oder in einer Zeitschrift im Wartezimmer.

► Profi-Tipp

Sammle deine Notizen an maximal drei bis vier Orten, sonst verschwinden sie im Nirwana. Ich sammle Screenshots und Notizen in diesen beiden Handyfunktionen (Fotos und Notizen), trage ein Notizbuch mit mir herum und habe eine Hängemappe für handgeschriebene Notizen, Zeitungsartikel und Ausdrucke von Online-Artikeln.

Natürlich passiert es mir trotzdem, dass ich in einer Zeitschrift blättere und plötzlich weiß, wie ich über ein bestimmtes Thema schreiben möchte. Dann kritzle ich den Artikel von oben bis unten kreuz und quer voll. Idealerweise übertrage ich das Gekritzel baldmöglichst in meine Word-Datei (wenn ich nicht ad hoc einen Kapitel-Ort finde, einfach am Ende der Datei).

Du wirst bald feststellen, dass dein Unterbewusstsein dich bei der Recherche unterstützt. Plötzlich findest du überall und nirgends interessantes Material. Pass auf, dass du dich nicht „zumüllst“, sondern sammle nur das, was wirklich zu deinem Thema gehört. Ich kenne das Problem: Auf einmal findet man auch noch diesen Aspekt oder jene Meinung interessant und ruckzuck hat man Berge von Recherchematerial, das nachher beim Schreiben eher belastet als erfreut.

Gute Konkurrenzrecherche erspart unnötige Arbeit

Gerade für Sachbuch- und Ratgeberautoren ist eine ausführliche Konkurrenzrecherche zum Thema unerlässlich. Auch bei Romanen sollte man sich im Genre umgucken, das man bedienen möchte. Eine gute Konkurrenzrecherche hilft, den eigenen USP (Unique Selling Point oder Alleinstellungsmerkmal) herauszuarbeiten und das eigene Produkt für Verlage, Agenturen und Leser interessant zu machen. Wenn du diese „Hausaufgaben“ gut machst, kannst du dir später eine Menge Arbeit sparen und – noch viel wichtiger – du weißt, was du besser machen kannst als die anderen! Bitte überspringe diesen Arbeitsschritt nicht, sondern nimm dir die Zeit. So vermeidest du zum einen, die Fehler anderer Autoren zu wiederholen, und andererseits kannst du dir von erfahrenen Autoren gute Tricks abgucken.

Wie gehst du vor? Diese Arbeit besteht aus vier Teilen: Bei Amazon recherchieren, in einer großen Buchhandlung stöbern, mit Buchhändlern sprechen und dein Bücherregal durchforsten. Ich empfehle dir diese Reihenfolge: Konkurrenzrecherche bei Amazon, Bestseller zum eigenen Thema herausfinden und checken, im lokalen Buchhandel in Konkurrenzprodukten blättern und lesen, mit Buchhändlern sprechen und sich auf Buchmessen gründlich umschauen.

Recherche bei Amazon

Ich empfehle dir mit der Recherche bei Amazon zu beginnen, weil du dort gleich mehrere Sachen auf einmal herausfinden kannst. Am Ende der Recherche kennst du deine Konkurrenztitel, die Bestseller in deinem Themenbereich, die Bewertungen der Leser dazu, Verlage, die für dich in Frage kommen und die Kategorien bei Amazon, die zu den Titeln gehören.

Zunächst gibst du Stichworte zu deinem Thema ein. Stell dir einfach vor, du würdest ein Buch dazu suchen. Amazon schlägt dir verschiedene Titel vor. Klick dich bei jedem Titel jeweils bis zum Blick ins Buch und den Bewertungen durch, mach dir Notizen dazu. Was fällt dir bei der Gliederung auf, was haben Rezensenten gelobt beziehungsweise kritisiert. Halte auch kurz fest, was dir am Cover gefällt und was nicht, ebenso bei Titel und Untertitel, und wann der Titel erschienen ist.

Scrolle bei jedem der Titel ganz nach unten. Dort findest du eine Auflistung, „Amazon Bestseller-Rang“. Hier sind zwei Informationen wichtig: In welche Kategorien wurde der Titel eingruppiert und welchen Rang nimmt er jeweils ein.

Du willst natürlich auch wissen, welche Verlage Bücher zu deinem Thema verlegen, also machst du dir dazu eine Liste. Markiere dir auch, bei wem du am liebsten publizieren würdest und warum (das brauchst du später für das Buchexposé).

Nun fang eine neue Suche an: Dazu klickst du auf „Alle Kategorien“, dort auf „Alle Bücher“ und dort dann auf „Bestseller“. Jetzt siehst du links einen Balken mit allen Kategorien. Es gibt aber auch noch Unterkategorien. Ein Beispiel: Du klickst auf „Börse & Geld“, dann wählst du die Unterkategorie „Bauen und Immobilien“ und dann die Unter-Unter-Kategorie „Baufinanzierung“. Mach das in ähnlicher Form für dein Thema. Du wirst sehen, dass es in jeder Hierarchieebene der Kategorien unterschiedliche Bestseller gibt. Sammle daraus Informationen, die dir bei deinem Buch behilflich sein können.

Als letzten Schritt schaltest du den Inkognito-Modus in deinem Browser ein, öffnest ein neues amazon.de-Fenster und startest die Suche nochmal. Du wirst überrascht sein, wie viel Titel dir plötzlich vorgeschlagen werden, die du noch gar nicht gesehen hast. Hier gehst du nun vor wie gehabt.

Konkurrenzprodukte im lokalen Buchhandel

Such dir eine große und gut sortierte Buchhandlung in der nächsten großen Stadt aus und gehe dort zu der Abteilung – manchmal auch mehreren Abteilungen, die am besten zu deiner Buchidee passen. Wenn du zum Beispiel über Schwangerschaft schreiben willst und du bist eine Frau, wirst du in der Buchhandlung ein großes

Regal finden, das mit „Schwangerschaft“ oder „Schwangerschaft und Babyjahre“ überschrieben ist. Vielleicht heißt es auch „Eltern und Familie“. Bist du ein Mann und möchtest das Thema aus Vätersicht bearbeiten, findest du in diesen Regalen möglicherweise etwas, aber vermutlich auch in der Abteilung „Buchgeschenke“, da es einige humorige Bücher zu diesem Thema gibt.

Schwieriger wird es mit Lifestyle-Themen: Das Buch *Gesünder essen – gesund alt werden* könnte bei „Gesund leben“ stehen, aber vielleicht gibt es solch ein Regal auch gar nicht, aber dafür Abteilungen wie „Die zweite Lebenshälfte“, „Gesund essen und kochen“ oder „Kochen und Backen“. Arbeitest du im Coaching vor allem mit Frauen, die beruflich nochmal neu anfangen wollen, lautet dein Arbeitstitel vielleicht *Wie Frauen nochmal durchstarten.* Hier wird es schon schwieriger mit den Regal-Beschriftungen. Vielleicht gibt es „Beruf und Karriere“, „Spiritualität“ und „Frauen ab 50“ und dann musst du entscheiden, wo du dein Buch eher siehst.

Um es gleich vorweg zu sagen: Buchhändler und Chefeinkäufer großer Buchhandelsketten kaufen lieber Titel ein, die gut in ihre bereits bestehenden Abteilungen passen und leicht einzusortieren sind. Deswegen solltest du dir bei der Ausrichtung deines Themas auch überlegen, ob du da noch etwas drehen kannst. Manchmal ist das ganz einfach. Nehmen wir das Beispiel *Wie Frauen nochmal durchstarten*. Liegt deinem Ratgeber ein spiritueller oder esoterischer Ansatz zugrunde, sollte das im Titel oder Untertitel klar ersichtlich sein. Wird es eher ein klassischer Karriereratgeber, dann ist es sinnvoll, entsprechende Keywords wie „Karriereleiter" oder „Frauen im Beruf" in die Titelei einzubauen. So ist auf den ersten Blick klar, aus welcher gedanklichen Richtung dein Ratgeber kommt und in welche Kategorie er passt.

► Profi-Tipp

Notiere dir bei deiner Konkurrenzrecherche auch gleich, welche Verlage für deinen Titel in Frage kommen. Es hat nämlich keinen Sinn, sein Buch weit gestreut anzubieten. Vielmehr solltest du wissen, welcher Verlag überhaupt Bücher zu deinem Themengebiet verlegt. Nur diesen Verlagen wirst du später dein Buch anbieten, und zwar direkt in der entsprechenden Lektoratsabteilung, zum Beispiel Erzählendes Kinderbuch, Unterhaltendes Sachbuch oder Lebenshilfe-Ratgeber. So landet dein Buchexposé gleich auf dem richtigen Schreibtisch.

Mit Buchhändlern sprechen

Da du eh schon in der Buchhandlung bist, nutze die Chance und lass dir von erfahrenen Buchhändlern erzählen, welche Titel in deinem Themenbereich besonders gut laufen und frage nach Gründen. Trau dich ruhig, von deinem eigenen Buchprojekt zu erzählen und freue dich auf ein ehrliches Feedback. Du kannst dabei nur lernen. Was du nachher daraus machst, ist deine

Sache, aber den einen oder anderen Tipp nimmst du bestimmt mit.

Außerdem rate ich dir, das gleiche in kleinen Buchhandlungen zu machen. Wenn zu deinem Thema nichts in den Regalen steht, frage nach, warum das so ist. Frage auch, was nach Meinung der Buchhändlerin zu diesem Thema geschrieben werden müsste. Was fragen die Kunden nach? Was hätten sie gerne? Was würde die Buchhändlerin gerne anbieten und was würde sich wohl gut verkaufen, so gut, dass die Buchhandlung es ans Lager nehmen würde.

Planst du einen Titel über deine Stadt beziehungsweise die Region oder willst du einen Krimi mit Lokalkolorit schreiben, der in einer bestimmten Gegend spielt, ist das Feedback der ortsansässigen Buchhandlungen Gold wert. Sie wissen, was es schon auf dem Markt gibt, so dass du nicht aus Unkenntnis das zweite oder dritte Stammbaum-Buch für die Gegend schreibst. Sie können dir sagen, welche Regionalkrimis sich am besten verkaufen und welche sie gerne empfehlen, und vor allem warum!

► Profi-Tipp

Bei regionalen Titeln sind die Buchhändler vor Ort deine besten Ratgeber. Sie wissen, was es bereits zu deinem Thema gibt und sie können dir ihre besten Titel zeigen. Außerdem kennen sie ihre Stammkundschaft so gut, dass sie dir wertvolle Tipps geben können, worüber du schreiben könntest.

Regionale Titel, egal ob Nachschlagewerk, Legendensammlung, historischer Roman, Regionalthriller oder Kinderbuch mit lokalem Bezug, eignen sich gut, um sie selbst zu verlegen. Die Autorin Nele Neuhaus hat genau so angefangen und ist heute eine gefeierte Bestsellerautorin.

Sich auf Buchmessen schlau machen

Es gibt in Deutschland jährlich zwei große Buchmessen, auf denen sich alle aus der Verlagslandschaft einfinden, die Rang und Namen haben. Aber das Tolle ist, dass auch viele ganz kleine Verlage sich dort mit ihrem Programm präsentieren. Dabei hat es sich dahingehend entwickelt, dass die Frankfurter Buchmesse im Herbst das Fachpublikum und Tausende begeisterte Leser anzieht. Man kann hier an den Verlagsständen Lektoren, Vertriebsmitarbeiter und Autoren treffen. Frankfurt ist internationaler und im ganzen nicht so publikumsnah wie die Leipziger Buchmesse, die im Frühjahr stattfindet. Dafür gibt es in Leipzig, außer den Verlagsständen, unzählige Lesungen und Autogrammstunden mit Autoren, nicht nur tagsüber auf der Messe, sondern auch abends überall in der Stadt. Für Fans gibt es da reichlich Gelegenheit, mit arrivierten Autoren ins Gespräch zu kommen. Außerdem stellen die Selfpublisher sich dort mit großen Ständen vor, beraten dich vor Ort und veranstalten Workshops.

Eine der Buchmessen ist also eine wunderbare Gelegenheit, in der Bücherwelt zu „baden" und sich umzuschauen, welche Verlage für das eigene Projekt in Frage kommen könnten. Man kommt ins Gespräch und kann nach einem Ansprechpartner im Lektorat fragen, mit etwas Glück ergibt sich direkt mit einem Lektor ein interessanter Austausch. Ich komme jedes Mal völlig erschlagen, aber auch voller intensiver Eindrücke und neuer Ideen von den Buchmessen zurück. In den letzten Jahren habe ich noch keine einzige versäumt, probiere es auch mal aus!

Wenn es noch kein Buch zu deinem Thema gibt

Du hast bei allen gängigen Online-Buchhändlern und beim Buchhändler deines Vertrauens nach einem Buch gesucht, das sich um dein Thema dreht und nichts gefunden? Tja, das kann zweierlei bedeuten.

Erste Möglichkeit: Du hast eine goldene Nase für Trends und wirst als einer der ersten ein Buch zu einem Hype-Thema herausbringen. Wenn du zum Beispiel ein Könner in einer neuen Sportart bist, die derzeit immer mehr und mehr Menschen begeistert, dann kannst du das erste Buch über Equipment und Technik für diese Sportart schreiben. Oder du hast auf Reisen in einem anderen Land einen DIY-Trend entdeckt, den du nun in deiner Community bekannt machen willst.

Zweite Möglichkeit: Manche Bücher gibt es einfach deswegen nicht auf dem Markt, weil sie nur einen recht kleinen Kundenkreis ansprechen würden. Der potenzielle Käuferkreis ist überschaubar und daher eignet sich das Thema nicht für gewinnorientierte Publikumsverlage. Selfpublisher haben sich auch noch nicht an das Thema herangetraut. Das könnte etwa dann der Fall sein, wenn du in deiner Praxis Eltern von autistischen Kindern berätst und ein aufklärendes Sachbuch über die Zeit der Pubertät veröffentlichen möchtest. Dann gibt es sehr wohl einen Markt für dein geplantes Buch, der zwar klein, aber dankbar ist. In so einem Fall wählst du besser den Selfpublisher-Weg.

Du möchtest dennoch lieber einen „richtigen" Verlag finden? Zum Glück gibt es so viele große und kleine Verlage, deren Programme im Ganzen gesehen ein sehr breites Spektrum bilden, dass viele Bücher und somit viele Autoren eine Heimat finden, auch solche mit Nischenthemen.

► Profi-Tipp

Falls dein Buch trotz einiger Gedanken- und Wortspielereien bei Titel und Ausrichtung immer noch nirgends reinpasst, heißt das nicht, dass du es nicht schreiben solltest. Aber möglicherweise handelt es sich um ein Nischenprodukt, bei dem es sich anbietet, das Buch auf dem Weg des Selfpublishing zu veröffentlichen. Es kann tatsächlich ein echtes Erfolgsgeheimnis sein, Experte in einer Nische zu werden. Oder du kannst es um einige Aspekte erweitern, dadurch die Schwerpunkte anders setzen und schaffst es auf diesem Weg, es einer gängigen Kategorie zuzuordnen.

Deine Leidenschaft für ein Thema ist Grund genug, ein Buch darüber zu schreiben, und dann ist es egal, ob du für viele oder für wenige Menschen schreibst. Entscheidend ist, dass du deiner Passion nachkommst. Wenn du nur genug Begeisterung und Drive hast, schreib es. Nicht primär zum Geldverdienen, sondern weil du etwas weitergeben möchtest, weil du ein Herzensthema hast und es teilen möchtest.

Hinterlasse deine Fußspuren und gib weiter, was dir wichtig ist.

Das Buch, das du gerade in den Händen hältst, habe ich zum Beispiel ganz bewusst selbst publiziert. Es handelt sich bei diesem Thema um ein Nischenthema. Es gibt sicher viele Menschen, die vom eigenen Buch träumen, aber nur ein Bruchteil von ihnen ist so entschlossen, dass er sich dazu einen Ratgeber zulegt, also Geld dafür ausgibt. Außerdem wollte ich von Anfang an ein kompaktes und praktisches Buch schreiben und keinen Rund-um-Wälzer. Und: Ich wollte alle Rechte am Text bei mir behalten, damit ich auf anderen Kanälen mit ihnen arbeiten und sie verwenden kann.

Die meisten Verlage produzieren solch kleine Bücher, die manchmal eher Heften gleichen, nicht gerne. Selbst wenn dieses Buch ein Bestseller wird, was ich natürlich anstrebe, erscheinen die zu erwartenden Verkaufszahlen einem großen Verlag eher übersichtlich. Die Gewinnmarge ist klein und der Buchhandel tut sich schwer mit dünnen Buchrücken. Bei manchen Reihen spielen die Verlagsredaktionen mit dem Format. Das heißt, man wählt ein kleines Format und verteilt den Text dadurch auf mehr Seiten als bei einem großen Format, dann wächst der Buchrücken auf ein bedruckbares Maß.

Dennoch meiden die meisten Verlage solche Formate, weil sie vielleicht in einem

Sonderaufsteller in einer großen Buchhandlung gut präsentiert werden können, aber ansonsten in den Regalen verschwinden. So ist es für die Kunden praktisch nicht sichtbar. Und was nicht sichtbar ist, verkauft sich nicht. Was nicht sichtbar ist, bestellen Buchhändler auch nicht beim Verlagsvertreter. Und was sich nicht verkauft, wird remittiert (Buchhändler schicken den Titel nach einer gewissen Zeit zurück an den Verlag) oder verramscht und bestimmt nicht noch ein zweites Mal ans Lager genommen. Ganz anders verhält es sich bei solchen kleinen Büchern bei den Online-Buchhändlern: Da sieht man immer die Vorderseite des Buchs. Die Dicke des Buchrückens spielt keine Rolle. Also ideal für Selfpublisher!

Deine Lieblingsbücher als Vorbilder

Bestimmt hast du ein paar Bücher zuhause im Regal stehen, die dich sehr beeindruckt haben. Das können ganz andere Topics sein als dein geplantes Buch, aber der Aufbau und die Leseransprache haben dir besonders gut gefallen. Davon kannst du dir eine Menge abschauen.

► Profi-Tipp

Nimm drei Bücher aus deinem Bücherregal, von denen du sagst: So möchte ich auch mal schreiben können, beziehungsweise, so soll mein Buch ungefähr aussehen. Achte auf folgende Sachen:

- ***Leseransprache**: Du oder Sie? Im Stil freundlich, sanft und verständnisvoll oder kämpferisch und engagiert, oder motivierend und spritzig?*
- ***Gliederung**: Was genau spricht dich dabei an?*
- ***Inhaltsverzeichnis**: Wie hat es der Autor geschafft, dich mit dem Inhaltsverzeichnis zu „packen“? Gefühlsbetont oder sachlich? Lange Sätze oder kurze Stichworte?*
- ***Aufbau**: Gibt es Infokästen, Checklisten o. ä., die du auch einbauen möchtest.*
- ***Schlüsselwörter**: Hat dich der Titel mit Schlüsselwörtern, sogenannten Keywords, geködert? Bist du auf bestimmte Worte oder Formulierungen angesprungen?*

Wenn du all das machst, schon bevor du mit dem Schreiben beginnst, wird dir das ungemein bei der späteren Arbeit helfen.

Ein Buch entsteht
nur, wenn man es
SCHREIBT!

Schritt 3: Definiere deine Zielgruppe, sprich ihre Sprache

Egal, ob du Fiction oder Non-Fiction schreibst, du musst deine Zielgruppe kennen. Je besser du weißt, für wen du schreibst, umso treffsicherer wird dein Stil. Deine Leseransprache hängt ebenfalls entscheidend davon ab. In einem Ratgeber für Rentner wird man den Leser kaum in der Du-Form ansprechen, in einem Real-Talk-Buch einer 19-jährigen Bloggerin hingegen würde man das erwarten. Schreibe in der Sprache deiner Zielgruppe, dann wirst du sie auch erreichen.

In Romanen ist weniger die Frage nach Du oder Sie. Vielmehr geht es – und das trifft auf alle Genres zu - darum, stilistisch den passenden Ton und zum Genre zu finden und den Wortschatz entsprechend zu wählen. In einem Dark-Fantasy-Roman wie etwa den Vampirgeschichten von Stephanie Meyer, z. B. *Biss zum Morgengrauen*, finden sich unzählige Metaphern, die eine düstere und unheimliche Stimmung kreieren. Der Horror scheint durch die Sprache, doch auch die Liebesgeschichte muss bedient werden. Rosamunde Pilcher, eine Vertreterin des romantischen Liebesromans, z. B. *Die Muschelsucher*, dagegen zeichnet ein Wohlfühl-Bild des Lebens an der englischen Südküste. Malerische Landschaften und eine romantisch-heitere Liebesgeschichte verlangen nach gefühlsbetonten Formulierungen. Große Gefühle wie Liebe, Hoffnung, Trauer, Enttäuschung brauchen Raum. Stell dir also die Frage: Für wen schreibst du? Welcher Schreibstil passt dazu?

▶

Profi-Tipp

Erstelle ein möglichst genaues Profil deines idealen Lesers. Beantworte dazu die folgenden Fragen:

- Welches Bedürfnis stille ich beim Leser? Welches Problem löse ich für ihn?
- Welche Gefühle möchte ich beim Leser wecken?
- Was erwartet der Leser von diesem Buch?
- Schreibe ich nur für Frauen, Männer oder Kinder? Mädchen oder Jungen?
- Wie alt ist mein Leser ungefähr?
- Wie sieht er/sie aus? Welche Kleidung trägt er/sie, was macht er/sie in der Freizeit, beruflich und mit der Familie?
- Was liest mein Leser sonst noch?

Ins Gespräch mit deiner Zielgruppe kommen

Bestimmt kennst du schon Menschen, zu denen dein Buch passt. Falls nicht, überleg dir, wo du sie treffen und kennenlernen könntest. Warum schlage ich das vor? Wenn du potenziellen Lesern von deinem Buchprojekt erzählst, wirst du enorm wertvolle Informationen erhalten. Sie werden dir wichtige Hinweise geben, was sie von einem Buch zu diesem Thema erwarten, worüber sie gerne mehr wissen wollen, welcher Stil ihnen zusagt und welcher nicht, welche Bücher zum Thema sie schon gelesen haben und was ihnen daran gefallen hat. Und noch wichtiger: Was ihnen gefehlt hat! Diese Lücke kannst du füllen. Versuche also mit deinen zukünftigen Lesern ins Gespräch zu kommen.

Wo und wie könnte das passieren? Da gibt es viele Möglichkeiten. Frag deine Instagram-Community in einer Story nach ihrer Meinung zu einer Plot-Idee. Du könntest zum Beispiel zwei Schauplätze vorschlagen und eine Abstimmung machen. Tritt Facebook-Gruppen zu deinem Thema bei. Möchtest du beispielsweise über Probleme in der Pubertät schreiben, lies die Posts und Kommentare in einer passenden Gruppe. Du kannst dich auch selbst an der Diskussion beteiligen und somit noch genauer die Sorgen und Nöte der Eltern kennenlernen.

Wenn du Arzt, Therapeut oder Coach bist, hast du deine potenziellen Leser sozusagen täglich vor der Nase. Diese Menschen nicht zu fragen, was sie sich von einem Ratgeber zu einem bestimmten Thema erwarten würden, wäre geradezu dämlich. Die Zielgruppe ist klar, ihre Bedürfnisse lassen sich in Gesprächen wunderbar abfragen und detailliert bestimmen. In jedem Fall gilt: Such dir Feedback und nutze es für die Buchplanung.

Stil und Leseransprache entscheiden über den Erfolg

Wenn du ein Sachbuch schreiben willst, macht es einen großen Unterschied, ob du ein Sachbuch für Erwachsene texten willst, die schon entsprechendes Fachwissen besitzen, oder für „Jedermann“, oder für Jugendliche oder Kinder. Je genauer du deine Zielgruppe kennst, je besser kannst du dich in Stil und Ansprache beim Schreiben darauf einstellen.

In Kindersachbüchern sind die Sätze kürzer und einfacher, es werden weniger Fremdwörter verwendet und alle vorkommenden Fachbegriffe erklärt. Viele Illustrationen unterfüttern den Text und machen komplizierte Sachverhalte leicht verständlich. So werden etwa Themen wie „Das antike Rom“ oder „Tiere im Wald“ anschaulich erklärt. In Büchern für Jugendliche ist die Kombination von passendem Schreibstil und leichter Verständlichkeit der Schlüssel zum Erfolg, zum Beispiel zum Thema „Erste Liebe“. Hier ist die Leseransprache entscheidend!

Diese zwei Faktoren – Verständlichkeit und Leseransprache - spielen auch eine entscheidende Rolle für die Lesbarkeit populärer Sachbücher. Da brauchst du eine Schreibe, die an die Zielgruppe angepasst ist und leichte Lesbarkeit garantiert, gepaart mit Humor, Vertrautheit mit den Nöten des Lesers und einem zugewandten, verständnisvollen Stil. Eine sinnvolle und gut erfassbare Gliederung des Buchinhalts ist selbstverständlich unerlässlich. Ein Fachbuch enthält hingegen spezielle Fachbegriffe und Fremdwörter, deren Verständnis beim Leser vorausgesetzt wird, aber es muss natürlich auch sinnvoll aufgebaut sein.

► Profi-Tipp

Für wen schreibst du das Buch? Welche Menschen könnten an dem Thema interessiert sein und haben das Bedürfnis, dazu einen Rat zu bekommen?

Wenn möglich, recherchiere, wie viele potenzielle Käufer es gibt (z. B. bei einem Ratgeber über Scheidung – wie viele geschiedene Ehen gibt es jährlich in Deutschland?). Du kannst davon ausgehen, dass nur ein Bruchteil der Zielgruppe wirklich einen Ratgeber zum Thema kauft, also muss dein Ziel sein, so viele Menschen wie möglich aus der möglichen Käufergruppe zu erreichen.

Wenn du einen Roman schreibst, spielt die Zielgruppe ebenfalls eine wichtige Rolle. Stell dir deine typische Leserin beziehungsweise deinen typischen Leser vor. Was erwarten diese typischen Leser von einem Buch des Genres, das du gewählt hast? Was wollen sie erleben? Welche Gefühle möchtest du wecken?

Es gibt unzählige Zielgruppen und du solltest nicht der Versuchung erliegen, es möglichst allen rechtzumachen. Sei lieber klar und spitze Stil und Ansprache zu! Everybody's friend is nobody's friend.

Jede Zielgruppe hat außerdem bestimmte Erwartungen an die Handlungsführung, und das geht Hand in Hand mit Stil und Ansprache. Nur wenn das alles zusammenpasst, liest es sich nachher rund und macht Spaß. Heike Abidi, die du in diesem Buch im Interview kennenlernst, plottet im Allgemeinen auf ein Happy End hin. Anders gesagt: Wer einen Jugendroman von Heike Abidi kauft, erwartet eine Geschichte mit Höhen und Tiefen, aber sie muss gut ausgehen. Ihre Sprache ist mal jugendlich, frisch, romantisch, witzig und frech, etwa in *Tatsächlich 13*, oder ironisch bis sarkastisch und nah an den mittelalten Lesern wie in *Ich dachte, Älterwerden dauert länger*. Du siehst, wie wichtig es ist, seine Zielgruppe zu definieren und ihre Erwartungen im Blick zu haben.

Diese Synthese aus Stil, Ansprache und Handlungsführung (bzw. bei Sachbüchern logische Reihenfolge) bilden dein Fundament. Missachtest du an manchen Stellen des Buchs eine der drei Säulen, bricht dir das ganze Ding zusammen. Das passiert leicht, etwa wenn du einen früher geschriebenen Text in dein Dokument kopierst, oder wenn du nicht auf konsequentes Du oder Sie achtest. Deswegen ist es immens wichtig, sowohl die Schreibprobe fürs Exposé als auch natürlich das fertige Manuskript daraufhin zu prüfen. Am besten lässt du den Text von jemand anderem gegenlesen. Als Leser ist es nämlich echt nervig, wenn es Brüche im Text gibt. Das schmälert das Lesevergnügen und mindert insgesamt die Qualität.

Erfolgreiche Leseransprache beim Genre Ratgeber

Wenn dein Buch ein Ratgeber wird, sollte deine Leseransprache idealerweise eine Mischung sein aus guter Freundin/guter Freund und „ich habe das schon so gemacht und es hat funktioniert“ bzw. „andere machen das unter meiner Anleitung so und es hilft“. Das bedeutet, dass du nicht nur einen zugewandten, offenen, hilfsbereiten und wertschätzenden Standpunkt einnehmen solltest, sondern zudem auch einen erfahrenen, wissenden und klaren Standpunkt. Niemand will einen Rat von jemandem, der Unsicherheit durchblicken lässt und selbst nicht so recht weiß, wie es gehen soll. Als Ratgeberautor bietest du Lösungen für ein oder mehrere Probleme an. Punkt. Deine Ratschläge bleiben immer Vorschläge für den Leser, aber Wischi-Waschi ist hier fehl am Platz. Sei klar, positioniere dich, wenn nötig gegen andere Richtungen in deinem Themenfeld und beziehe Stellung. Erfolgreiche Ratgeberautoren machen genau das: Sie haben eine Mission und möchten, dass so viele Menschen wie möglich davon profitieren.

► Profi-Tipp

Niemand kauft einen Ratgeber, in dem keine klaren Ratschläge und Tipps gegeben werden. Versetze dich beim Schreiben in die Stimmung, als ob jetzt schon ganz viele Menschen auf deinen Rat warten und dir dankbar für Lösungsvorschläge sind.

Sei spitz und klar! Scheu dich nicht, deine Meinung offen zu vertreten, auch wenn du damit „Gegner" auf den Plan rufst.

Für Sachbücher gilt Ähnliches: Beziehe Position, sag, was du über ein bestimmtes Thema denkst und erörtere die Pros und Kontras. Je klarer deine Aussage, desto größer der Anreiz für den Leser, sich damit auseinanderzusetzen. Sollte dir das nicht sympathisch sein, kannst du natürlich auch ein Sachbuch schreiben, dass den Lesern einen möglichst neutralen Überblick zu einem Thema bietet. Doch ganz ohne eigene Meinung wird es auch hier nicht gehen.

Seien wir ehrlich: Meist fühlt man sich dann zum Schreiben berufen, wenn einen etwas umtreibt, wenn man seinen Standpunkt klar machen und mit anderen teilen will. Sei es, um eine Debatte anzustoßen, sei es, weil man anderen helfen möchte. Scheue dich also nicht, denn ein Wischi-Waschi-Buch macht weder Lektoren neugierig, noch liefert es den entscheidenden Kaufimpuls beim Leser.

Sich für einen Schreibstil zu entscheiden und ihm treu zu bleiben - das gilt natürlich auch für Ratgeber. Wer auf 180 Seiten drei Anekdoten einstreut, kann sie auch gleich weglassen. Gelingt es hingegen persönliche Erfahrungen –lustige und ernste – regelmäßig in den Text einfließen zu lassen, erfährt der Leser viel über den Autor. Das lässt ihn „menschlich“ erscheinen, sozusagen wie einer von uns, und lockert das Leseerlebnis auf. Als Autor ehrlich zu bleiben und auch mal Fehler einzugestehen, stärkt meines Erachtens die Wertschätzung beim Leser. Wer will schon Ratschläge oder Informationen von einem allwissenden Alleskönner annehmen, dem alles gelingt und der nie einen Fehler macht? Erzählt mir hingegen der Autor von Sackgassen, in die er gelaufen ist, bevor er gute Lösungen für ein Problem gefunden hat, fühle ich mich als Leser ernstgenommen.

Mein
Buch
WIRD DAS
Leben
MEINER LESER
verbessern

Schritt 4: Entscheide dich für Inhalt und Titel

Ich weiß, was du jetzt denkst: Die spinnt! Ich kann doch jetzt noch nicht wissen, wie das Inhaltsverzeichnis später mal aussieht! Das stimmt, aber du kannst ein vorläufiges Inhaltsverzeichnis zusammenstellen.

Das vorläufige Inhaltsverzeichnis als Gerüst

Warum ist das der nächste Schritt? Der Grund ist, dass du deine Gedanken sortieren sollst. Indem du das Inhaltsverzeichnis mit deinen Themen füllst, erstellst du eine erste vorläufige Gliederung, findest deinen roten Faden und formulierst, welche Stichworte in deinem Buch eine Rolle spielen werden. Das ist unbezahlbar! Während du das tust, sortierst du das, was unbedingt in dein Buch hineinmuss, in ein logisches System.

Das ist wie eine große Kommode mit vielen kleinen Schubladen. All die Gedanken und Ideen zu deinem Thema schwirren bisher nur in deinem Kopf herum oder dümpeln auf einzelnen Notizzetteln in unübersichtlichen Schreibtischstapeln oder Handynotizen herum. All diese Einzelteile verteilst du nun – nach sinnvollen Kategorien – in deine Schubladenkommode. Gib den einzelnen Schubladen Oberbegriffe und wirf hinein, was jeweils dazu passt.

Hier gilt: Nicht perfektionistisch sein, sondern den Gedanken freien Lauf lassen. Damit es dir leichter fällt, empfehle ich eine Mindmap zu zeichnen oder Post-its zu beschriften und auf einem großen Tisch zu gruppieren. So hast du wirklich erstmal alles im Blick und findest rasch passende Oberbegriffe beziehungsweise Schubladen dafür. Arbeitest du mit einer Mindmap, kannst du mit bunten Farben markieren, was zusammengehört, hast du Post-its benutzt, kannst du sie in Gruppen zusammenfügen.

Zu den Oberbegriffen: Versuch zunächst, mit Stichworten zu arbeiten. Es können mehrere Stichworte für eine Kategorie/einen Oberbegriff sein. Dann bringst du diese Oberbegriffe in eine logische Reihenfolge. Mit Post-its-Klebehäufchen geht das wiederum ganz leicht.

► Profi-Tipp

Werde in deinem Feld ein Experte, aber warte nicht, bis du glaubst, alles über dein Thema zu wissen. Du hast schon jetzt einen großen Erfahrungsschatz weiterzugeben, Wissen zu teilen und Lösungsvorschläge zu machen.

Der Tag, an dem du dich voll und ganz bereit fühlst, um dein Wissen mit der Welt zu teilen, wird nie kommen. Deswegen geh jetzt schon damit raus.

Den Titel und die Untertitel wählen

Schau dir nun deine Mindmap oder Post-Its-Häufchen an. Welche Schlüsselwörter entdeckst du? Welche Themen wiederholen sich? Wähle fünf aus und überlege dir einen Buchtitel dazu. Ich empfehle dir, spontan mindestens einen Haupttitel und zwei Untertitel zu formulieren, es können auch gerne mehr sein. Entscheidend ist es, die Cluster zu nutzen, um die Essenz deiner Buchidee greifbar zu machen.

Interview mit Katia Simon, Buchautorin und Lektorin

Wie hast du einen Verlag gefunden?

Ich schaue mal weit zurück: Ich wusste schon als Teenie, dass ich etwas mit Büchern machen und am liebsten Germanistik studieren wollte. Meine Eltern haben aber gesagt: „Lern erstmal was Ordentliches!“, also wurde ich Buchhändlerin. Danach habe ich tatsächlich Germanistik studiert und hatte den Traum, klassische Lektorin zu werden – am liebsten für Kinderbücher. Projektleitung, so wie das heute im Lektorat stattfindet, war vor 15 Jahren noch gar nicht so üblich. Ich habe mich mit dem Magister in der Tasche dann bei einigen Verlagen im Kinderbuchbereich um ein Volontariat beworben und bin mehr oder weniger zufällig im Ernst Kaufmann Verlag gelandet. Dieser recht kleine, traditionsreiche Verlag war ein Glückstreffer für mich. Ich habe dort viel gelernt und wurde von Anfang an in alle Prozesse rund ums Büchermachen miteinbezogen. Für jemanden wie mich, der gern auf allen Hochzeiten tanzt, war das genau das Richtige!

Nach einer Weile wurde ich gefragt, ob ich nicht auch selbst für den Verlag schreiben möchte. Schreibende Lektorinnen haben im Kaufmann-Verlag Tradition. Und so kam eines zum anderen. Nach insgesamt drei Jahren bin ich dann heimwehgeplagt ins Ruhrgebiet zurückgekehrt und in die Freiberuflichkeit gestartet. Eigentlich als Übergangslösung geplant, bin ich seit neun Jahren sehr glücklich damit.

Ich lektoriere und schreibe für verschiedene Verlage. Viele Kontakte haben sich über Empfehlungen und ein gutes Netzwerk ergeben – durch Illustratorinnen, mit denen ich gearbeitet hatte, durch Kolleginnen oder Auftraggeber. Bei anderen Verlagen habe ich selbst an die Tür geklopft – mal klassisch mit Exposee und Leseprobe für ein eigenes Projekt und auch mal so, dass ich mich einfach als Lektorin und Autorin mit meinen Fähigkeiten und Lieblingsthemen vorgestellt und nach einer Zusammenarbeit gefragt habe.

Hast du ein Exposé, ein fertiges Manuskript oder einfach eine Buchidee angeboten?

Mal so und mal so. Wenn wir sowieso schon im Gespräch waren, habe ich eigentlich immer das angeboten, was gerade passte. Ich schreibe auch gern auf Auftrag. Aktuell habe ich einer Lektorin gegenüber im Nebensatz erwähnt, dass ich zu einem bestimmten Thema mal ein Buch schreiben möchte und sie antwortete: „Schreibe es für mich! Ich suche zufällig gerade einen Autor für das Thema." Das ist natürlich ein Glücksfall.

Was ich (bisher) nie getan habe: ein umfangreiches, schon fertiges Manuskript angeboten. Normalerweise fange ich erst dann an, zu schreiben, wenn ich einen Vertrag habe. Schließlich ist das für mich kein Hobby, sondern ich lebe vom Schreiben und Lektorieren. Es ist ja so: Mit einer ganz klassischen Manuskript- oder Exposé-Einsendung gehst du leicht im Stapel der Angebote verloren. Mein Tipp ist deshalb, sich immer zu überlegen, welche Zusatzqualifikation man noch ins Spiel bringen kann, wenn man aktiv auf einen Verlag zugeht. Netzwerkveranstaltungen und -plattformen finde ich ebenfalls hilfreich, um ins Gespräch zu kommen und sich dann eventuell später wieder in Erinnerung zu rufen.

Wie viele Bücher hast du mittlerweile veröffentlicht?

Puh, das ist schwer zu sagen, weil einige meiner Bücher in verschiedenen Ausgaben (Lizenzausgaben, in anderen Formaten usw.) erschienen sind. Ich schätze, dass es insgesamt etwa 30 bis 35 sind. Hinzu kommen redaktionelle Texte, die ich für Bücher, Spiele, Kopiervorlagen, Poster und vieles mehr geschrieben habe.

Was würdest du heute anders machen?

Ich denke, ich würde einerseits zielstrebiger sein, aber andererseits auch ein bisschen verspielter. Das klingt vielleicht paradox, aber ich habe oft das Schicksal entscheiden lassen und war gleichzeitig verbissen in dem, was ich tat. Da hätten mich klare Ziele und mehr Leichtigkeit – vielleicht auch die ein oder andere Auszeit – manchmal weitergebracht. Das sage ich natürlich mit der Erfahrung von heute, und man weiß natürlich nicht, wie es sich dann tatsächlich entwickelt hätte.

Aktuell würde ich gerne mehr kreativ an größeren Projekten schreiben, aber die Zeit für Spaßprojekte habe ich derzeit leider nicht. Meine Leidenschaft gilt immer noch dem Kinderbuch. Die besondere Verbindung von Geschichte und

Illustration, die ein ganz neues Großes ergibt, finde ich beispielsweise spannend, aber auch Kinder und Jugendliche als anspruchsvolle Zielgruppe reizen mich.

Derzeit liegt mein Schwerpunkt auf Sachbuch- und Ratgeberthemen, vor allem im frühpädagogischen Bereich. Das hat sich einfach so ergeben. Aber selbst hier mogelt sich ja das ein oder andere Mal auch mal Erzählerisches hinein. Diese Vielseitigkeit liebe ich so an meiner Arbeit.

Was tust du, wenn du beim Schreiben festhängst?

Dann tue ich einfach etwas anderes. Sehr gern stelle ich beim Yoga die Welt auf den Kopf oder gehe einfach nach draußen.

Wo schreibst du?

Zuhause an meinem Schreibtisch. Er ist ein Erbstück von meinen Großeltern. Ursprünglich stand er im Hinterzimmer ihres Geschäfts für Herrenoberbekleidung. Ich habe auch schon mehr oder weniger gemütlich auf dem Sofa geschrieben oder es am Küchentisch versucht, auch im Café habe ich meinen Laptop aufgeklappt – aber das ist alles nichts für mich. Ich schreibe nur am Schreibtisch richtig gut!

Wann schreibst du?

Vor allem abends und nachts, wenn keiner was von mir will. Dann habe ich die nötige Ruhe und den Abstand, um mich richtig in den Text zu versenken und alles um mich herum zu vergessen. Nur meine eigene Müdigkeit entscheidet, wann ich den Rechner ausschalte. Kein Blick auf die Uhr. Vormittags erledige ich viel Organisatorisches. Ich telefoniere und maile, lektoriere, kümmere mich um die Buchführung und erledige solche Sachen.

Was fällt dir beim Buchschreiben am schwersten?

Ich bin mir oft selbst die größte Hürde dabei, den ersten Schritt zu gehen und einfach anzufangen. „Zum Glück“ gibt es ja Deadlines, die einem im Nacken hängen und den Prozess beschleunigen.

Welchen Tipp würdest du jemandem geben, der noch nie ein Buch geschrieben hat, jetzt aber endlich loslegen möchte?

Sei neugierig und offen, und netzwerke viel. Tu das gut und auf verschiedenen Ebenen: Besuche Seminare und Workshops, um mit Leuten ins Gespräch zu kommen, die dieselbe

Passion haben, und um inspiriert zu werden. Nicht jeder Kontakt wird von Dauer sein und ein Projekt hervorbringen. Aber andersherum stimmt es bei mir: Alle spannenden Projekte in den letzten Jahren sind so entstanden.

Katia Simon ist Kinderbuch-, Kindersachbuch- und Ratgeberautorin sowie Lektorin. Sie ist also in unterschiedlichen Genres unterwegs: Sie füllt Abreißkalender für Kinder und erklärt darin kindgerecht Phänomene der Naturwissenschaften, *Einstein für Kids*, sie konzipiert und textet Bilderbücher, etwa *Laterne, Laterne* und Adventskalender, *Elias auf dem Weg nach Bethlehem,* sie schreibt Ratgeber für Pädagogen, *Selbstwertschätzung. Das besondere Impulsbuch für einen sensiblen und bewussten Umgang mit sich selbst* und erstellt Geschenkbücher wie *Mama! Für alles andere gibt's Alternativen.* Diese Vielseitigkeit macht für sie den Reiz beim Schreiben und Lektorieren aus. Mehr über sie erfährst du auf https://katiasimon.wordpress.com/

Schritt 5:
Lege die Word-Datei an

Man kann sich sehr viel Arbeit und Zeit sparen, wenn man seinen Text direkt in eine Word-Datei schreibt und einige Kniffe beachtet. Es lohnt sich wirklich, die Formatvorlagen vor dem eigentlichen Schreiben zu definieren. Ich habe das früher nicht gemacht und hatte dann später die Last damit. Inzwischen habe ich eine eigene Formatvorlage, die ich immer wieder benutze, oder, wenn ich für einen Verlag schreibe, bekomme ich vom Lektorat eine Formatvorlage zugesandt, die ich fülle.

Warum Normseiten sinnvoll sind

In der Bücherwelt hat es sich eingebürgert mit Normseiten zu rechnen. Mit der Normseite kann ein Lektor recht gut den Umfang eines Manuskripts abschätzen. Auch wenn man ein Angebot für Lektorat oder Korrektorat einholen will, ist das die gängige Berechnungsgrundlage.

Eine Normseite hat ca. 1800 Zeichen inklusive Leerzeichen, das entspricht 30 Zeilen mit maximal 60 Anschlägen. Wohlgemerkt, die Leerzeichen werden dabei mitgezählt. Damit du schon beim Schreiben siehst, um wie viele Normseiten dein Manuskript wächst, kannst du die Seitenränder entsprechend festlegen.

Gehe dazu im Menü auf „Layout“ und klicke links auf „Seitenränder“. Nun siehst du eine Leiste, an deren unterem Ende du „Benutzerdefinierte Seitenränder“ findest. Wieder klicken und für „Oben“ 5 cm und „Unten“ je 4 cm wählen, für „Rechts“ und „Links“ je 5 cm. Damit kann man recht gut arbeiten und den Überblick behalten. Natürlich ändert sich das Verhältnis, wenn man viele Tabellen oder Aufzählungen im Text hat.

Übrigens: Es funktioniert nicht, einfach die gesamte Zeichenanzahl des Dokuments durch 1800 zu teilen! Das liegt unter anderem an den unterschiedlichen Abständen zwischen Buchstaben in einer Zeile. Wenn du so arbeiten möchtest, weil du zum Beispiel gerne mehr Text auf einmal auf dem Bildschirm sehen willst, dann dividiere die gesamte Zeichenanzahl inklusive Leerzeichen (die findest du im Menüpunkt „Überprüfen“ unter „Wörter zählen“) durch 1500.

► Profi-Tipp

Du schaffst es nicht, mit dem Schreiben anzufangen? Mir (und den meisten Menschen) hilft ein bisschen Druck. Da gibt es ganz viele Möglichkeiten, wie man sich selbst ein bisschen Druck machen kann.

- *Erzähle einer guten Freundin von deinem Buchprojekt (und die fragt dann nach, wie es läuft).*
- *Tritt einem Schreibclub bei (ihr motiviert und kontrolliert euch gegenseitig).*
- *Such dir einen Coach (der dich durch den Schreibprozess begleitet).*
- *Mach ein Wochenendseminar für Autoren mit (dort fängst du an zu schreiben und findest eine Menge Gleichgesinnte).*
- *Die nächste Buchmesse ist nicht weit? Bereite deinen Pitch und dein Exposé dafür vor und sprich mit Lektoren an den Verlagsständen.*
- *Stell dir beim Schreiben vor, ein Lektor mag deine Buchidee und will ein Beispielkapitel sehen.*
- *Stell dir vor, du würdest deinen 40. oder 70. Geburtstag feiern und das Buch wäre immer noch nicht geschrieben.*

Gliedern und Überschriften einbauen

Gewöhne dir an, zu Beginn eine klare optische Gliederung zu schaffen. Dazu arbeitest du mit maximal drei Überschriftenhierarchien, also Ü1, Ü2, Ü3. Im fiktionalen Bereich und unterhaltsamen Sachbuch reicht durchaus auch nur eine Ü1 für die Struktur, wohingegen ich für einen Ratgeber eher drei Überschriftentypen empfehle. Am einfachsten ist es, du übernimmst die Überschriften aus den Word-Formatvorlagen, denn dann kannst du daraus ganz leicht das Inhaltsverzeichnis erstellen lassen. Im Start-Menü werden dir verschiedene Überschriftentypen angeboten, es ist also wirklich einfach.

In Schritt 4 hast du ja mithilfe von Post-Its oder einer Mindmap alles gesammelt und in Kategorien eingeteilt, was in deinem Buch vorkommen soll. Du hast auch die Reihenfolge festgelegt. Dann ist es jetzt Zeit, dich an den Laptop zu setzen und das vorläufige Inhaltsverzeichnis zu schreiben. Und zwar so: Du nimmst jeweils einen Post-Its-Stapel oder farbig markierten Themencluster deiner Mindmap und bringst diese Wörter beziehungsweise Sätze in eine Reihenfolge. Was ist Ü1, was gehört dazu als Ü2 oder Ü3? So gehst du alle Gruppen durch.

Dabei nutzt du natürlich die Formatierungen der Überschriften und arbeitest sie direkt ein.

Es ist wirklich einfacher als man denkt. Ideal ist es, wenn du aus den Oberbegriffen ganze Sätze formst. Dabei ist es in diesem Stadium sehr hilfreich, zu jedem Punkt im Inhaltsverzeichnis mehrere Sätze hinzuschreiben, denn noch ist ja die Ausrichtung des Buchs nicht ganz klar, vieles ist noch offen. Gerne auch mit vielen Adjektiven, damit Gefühl reinkommt. Zwei Beispiele: Anstatt *Selbstfindung* besser *Wie du mit der x-Methode zu dir selbst findest*, anstatt *Ankunft in Littletown* besser *Judy kommt spätnachts erschöpft in Littletown an.*

Automatisch ein Inhaltsverzeichnis erstellen

Wenn du für die Überschriften die Formatvorlagen verwendet hast, hast du später den riesigen Vorteil, dass du dich jederzeit gut in deinem täglich wachsenden Manuskript orientieren kannst. Je umfangreicher dein Text wird, desto schwieriger wird es nämlich, bestimmte Textstellen wiederzufinden, an denen du zum Beispiel etwas einfügen oder ändern willst. Dafür bietet Word dir eine Seitenleiste an, in der du jederzeit das Inhaltsverzeichnis sehen kannst. Im „Start“-Menü findest du den Bereich „Bearbeiten“. Dort klickst du „Suchen“ an. Sofort öffnet sich links die Leiste „Navigation“. Hier klickst du auf „Überschriften“ und schon siehst du dein Inhaltsverzeichnis.

Klickst du dort auf „Seiten“, siehst du alle bisher beschriebenen Seiten. Unter „Ergebnisse“ kannst du ganz klassisch nach Text oder Wörtern suchen. Solange du das Navigationsmenü nicht brauchst, schiebst du es einfach zur Seite und machst es kleiner oder klappst es ganz ein. Aber glaub mir, wenn dein Manuskript mal mehr als 50 oder 120 Seiten hat, bist du dankbar für deine anfangs angelegte klare Struktur und das Inhaltsverzeichnis, das dir bei der Orientierung hilft.

▶ Profi-Tipp

Drucke dir das vorläufige Inhaltsverzeichnis aus und überprüfe es. Das solltest du während des späteren Schreibprozesses auch immer wieder tun.

Achte darauf, ob

- *es einen Anfang und ein Ende gibt (damit meine ich nicht, ob die Worte „Einleitung" und „Schlusswort" darin vorkommen),*
- *es eine Entwicklung gibt, einen roten Faden, eine dem Leser bekannte Abfolge (z. B. Januar bis Dezember; Zustand vorher und nachher),*
- *alles in einer logischen Reihenfolge steht,*
- *es in gedanklich leicht nachvollziehbare Unterkapitel unterteilt ist.*

Interview mit dem Sachbuchautor Gerd Kommer

Wie haben Sie einen Verlag gefunden?

Ich habe fünf angeschrieben, von denen ich glaubte, dass sie gut passen würden, und drei sagten recht schnell ja.

Haben Sie ein Exposé, ein fertiges Manuskript oder einfach eine Buchidee angeboten?

Ein sorgfältig und ich glaube gut gemachtes Exposé.

Wie viele Bücher haben Sie mittlerweile veröffentlicht?

Ungefähr ein halbes Dutzend, je nachdem wie man zählt. Alles Sachbücher im Finanzbereich.

Was würden Sie heute anders machen?

Nichts.

Was tun Sie, wenn Sie beim Schreiben festhängen?

Ich schreibe seit über 20 Jahren Bücher und Artikel und kann mir persönlich Festhängen schwer vorstellen, weil ich dieses Problem bisher nie hatte.

Wo schreiben Sie?

Überall, aber meistens zu Hause.

Wann schreiben Sie?

Meistens am Wochenende, weil ich voll berufstätig bin und über 60 Stunden die Woche arbeite. Ideen sammle ich 7/24/365 und notiere Sie in einem Notizbuch, dass ich immer bei mir trage und das nachts neben meinem Bett liegt.

Was fällt Ihnen beim Buchschreiben am schwersten?

"Die letzten 100 Meter", also das wirkliche Fertigstellen eines "bereits fertigen" Manuskripts. Das ist sehr mühselig und nicht spaßig.

Welchen Tipp würden Sie jemandem geben, der noch nie ein Buch geschrieben hat, jetzt aber endlich loslegen möchte?

Es gibt viele gute elektronische Schreib-Tools und insbesondere natürlich Textverarbeitungs-

Software. Mit diesen Tools sollte man sich als Autor meines Erachtens intensiv beschäftigen, einige auswählen und sie dann extrem gut kennenlernen. Bei vielen in der schreibenden Zunft habe ich den Eindruck, dass schon ihre Kenntnis von z. B. MS Word erstaunlich oberflächlich ist. Das ist wie ein Bergsteiger, der schlechte Ausrüstung kauft und diese dann noch nicht einmal richtig kennt und nur wenig pflegt. Das bergsteigerische Ergebnis dürfte davon nicht profitieren und überraschen sollte das dann auch nicht.

Gerd Kommer schreibt Ratgeber über Vermögensbildung, Geldanlage und Hauskauf, zum Beispiel *Kaufen oder Mieten. Wie Sie für sich die richtige Entscheidung treffen*, Immobilienfinanzierung für Selbstnutzer und *Souverän investieren mit Indexfonds und ETFs* und ist im Campus Verlag erschienen. Auf seiner Website https://www.gerd-kommer-invest.de/ findet man alle seine Buchtitel.

Schritt 6: Finde deine persönliche Schreib- und Arbeitsroutine

Damit das regelmäßige Schreiben für dich zur Routine wird, solltest du dir zunächst Gedanken darüber machen, an welchen Wochentagen und zu welcher Tageszeit du an deinem Buch arbeitest. Bist du eher ein Morgen- oder ein Abendmensch? Je nachdem kannst du vielleicht etwas in deinem Tagesablauf umstellen.

Wann und wo wirst du schreiben?

Überlege dir, wann du am besten schreiben kannst! Ich kann zum Beispiel morgens am besten schreiben. Deswegen schreibe ich meist den ganzen Vormittag, sobald die Familie aus dem Haus ist. In der intensiven Schlussphase stelle ich mir den Wecker unter der Woche auf 5 Uhr, weil ich da komplett meine Ruhe habe, und ich kann nun mal am besten schreiben, wenn es ruhig ist und ich beim Schreiben ungestört vor mich hinplappern kann (ja, das mache ich manchmal…). Da ich schon mit dem Gedanken ins Bett gehe, morgens gleich an meinem Buch zu arbeiten, wache ich meist von allein leicht auf und habe dann auch schon eine Idee, wie ich an dieser oder jener Stelle im Buch weiterarbeite. Oder ich notiere mir am Vortag, woran ich am folgenden Morgen arbeiten möchte. Die Wochenenden halte ich mir frei, doch oft passiert es (vor allem wenn ich langsam zum Ende komme), dass ich auch am Wochenende morgens erstmal eine Runde schreibe.

Für Abendmenschen bietet es sich an, nach dem Abendessen eine Stunde zu schreiben und erst danach den Feierabend einzuläuten. Oder du schreibst in deiner Mittagspause. Oder beides. Wichtig ist, dass du dich für eine Routine entscheidest und sie mindestens 6 Wochen lang in dein Leben einbaust. Dann erst wird es wirklich zur Gewohnheit.

Du kannst das noch mit folgendem Trick unterstützen. Du kennst das sicher: Es ist viel einfacher, sich etwas Neues anzugewöhnen, wenn man sich nicht nur regelmäßig die Zeit dafür einräumt, sondern auch einen Ort dafür hat. Es ist super, wenn man sich morgens den Wecker jeden Tag eine halbe Stunde früher stellt um zu meditieren oder laufen zu gehen. Doch man kann es sich zusätzlich noch viel einfacher machen, wenn man sich in der Wohnung eine kleine Meditationsecke mit einem gemütlichen Kissen und einer Kerze einrichtet oder die Laufklamotten und -schuhe schon vorbereitet am Bett stehen hat. Wie könnte das bei dir fürs Schreiben aussehen?

Hast du zuhause einen eigenen Schreibtisch? Dann ist das wahrscheinlich dein Platz zum Bücherschreiben. Aber vielleicht ist dir der Küchentisch oder das Sofa trotzdem lieber. Egal, wofür du dich entscheidest, es ist wichtig, dass du in den nächsten Wochen immer denselben Platz zum Schreiben wählst und dieselbe Zeit. So sendest du an dein Gehirn die Botschaft: „Jetzt und hier ist Bücherschreiben dran. Sonst nichts.“

► Profi-Tipp

Gute Schreibroutinen helfen dir ungemein, dich schnell und gut zu fokussieren.

- *Du vertrödelst keine Zeit mehr damit, Laptop und Recherchematerial zusammenzusuchen und musst nicht erst alles Mögliche wegräumen.*
- *Du schiebst das „Schreiben anfangen" nicht vor dir her, weil du ja immer von x bis y Uhr schreibst.*
- *Du setzt dich einfach hin und machst da weiter, wo du gestern aufgehört hast.*

Schreibroutinen, die gegen Ablenkungsfallen helfen

Jeder, der schreibt, hat irgendwelche Vermeidungsstrategien. Das ist normal und wenn es nicht dauernd ist, auch kein großes Problem. Allerdings fühlt man sich viel besser, wenn man weniger Vermeidungs-Tage hat und viel mehr Schreib-Tage. Dafür kann man sich verschiedene Strategien zurechtlegen. Ich teile hier mit euch meine persönlichen Erfolgsstrategien und hoffe, dass ihr die eine oder andere davon für euer Schreibarbeit nützen könnt.

❖ Benutze eine App, die dir nach 25 Minuten eine Pause anzeigt. Das bedeutet 25 Minuten klotzen, dann, in der Pause stehe ich auf, hole Kaffee, fülle mein Wasserglas nach oder gehe ein paar Schritte und strecke mich, und dann kommen die nächsten 25 Minuten Schreibarbeit. Es gibt eine Menge Apps, bei denen du sogar deine Zeitblöcke bestimmten Projekten zuordnen kannst. Für mich bedeutet das eher mehr Arbeit und ich bin eher für Keep it simple.

- Stelle den Flugmodus an Laptop und Smartphone ein, damit du nicht von „wichtigen“ Nachrichten abgelenkt wirst.

- Wenn du den Laptop aufklappst, öffne wirklich nur das Fenster für Word. Wenn du zwischendrin recherchieren musst, mach dafür ein eigenes Browserfenster auf.

- Beim Recherchieren kommt man leicht vom Hundertsten ins Tausendste. Sei wachsam und bremse dich selbst, wenn du dich verzettelst oder bei Youtube-Videos hängenbleibst.

- Sag deiner Familie, dass du in der nächsten halben Stunde schreiben willst und nicht gestört werden möchtest. Danach bist du wieder für sie da, bis du wieder für eine halbe Stunde abtauchst. Glaub mir, das geht, aber man muss es tatsächlich mit seinen Liebsten „üben“.

Das ist besonders wichtig, wenn du keinen eigenen Raum hast, in den du dich zurückziehen kannst. Doch in Wirklichkeit ist eine Tür kein Hindernis, wenn deine Kinder sich nicht einigen können, wer jetzt mir der Wasserpistole dran ist, oder wenn dein Partner den Puderzucker sucht. Hier hilft nur, die anderen um Unterstützung zu bitten und klar zu kommunizieren.

- Nimm dir eine bestimmte Anzahl an Wörtern vor, die du in 25 Minuten schreiben willst. Dafür kannst du einfach zwei- oder dreimal 25 Minuten schreiben und einen Mittelwert für dein Schreibtempo ermitteln. Mit diesem Ziel vor Augen diszipliniert man sich ganz gut.

- Für manche Autoren funktioniert es besser, sich zum Beispiel für eine Woche ein bestimmtes Kapitel vorzunehmen und das im Schreibplan fest einzuplanen. Andere schauen sich morgens ihre vorläufige Gliederung an und schreiben über einen Themenkomplex, der sie in diesem Moment gerade anspringt. Bei mir ist es eher eine Mischung. Je weiter das Buchprojekt voranschreitet, umso mehr fülle ich gezielt bestimmte Kapitel. Doch das ist wirklich eine Typenfrage. Wichtig ist nur, dass du für dich herausfindest, was zu dir passt. Dann weißt du auch, wie du direkt, schnell und regelmäßig den Einstieg zum Schreiben findest.

- Leg dir immer ein leeres Blatt für Notizen neben die Tastatur. Wenn dir dann siedend heiß einfällt, dass du heute unbedingt noch die Kinderärztin anrufen musst oder nicht vergessen darfst, den Sekt für den Abend zu zweit zu besorgen, notierst du es kurz, aber schreibst dann weiter. So blockiert es nicht deine Gedanken und stört nicht deinen Flow. Ich habe das von David Allen gelernt, der in seinem Buch Getting Things Done, in Deutsch Wie ich die Dinge geregelt kriege, erklärt, dass wir nur fokussiert arbeiten können, wenn wir unser Gehirn nicht mit tausend Mini-Aufgaben belasten).

- Wenn das Telefon klingelt, musst du nicht unbedingt drangehen. Falls es lebenswichtig ist, wird man dich nochmal und nochmal anrufen, falls nicht, kannst du später zurückrufen. Meist kann man es gelassen klingeln lassen.

- Falls du große Sorgen und Probleme hast, die dich beschäftigen, dann versuch sie in der nächsten Stunde, in der du schreiben willst, zur Seite zu schieben. Mir hilft eine kleine Kiste, in die ich meine Sorgen einschließe. Du kannst auch einen kleinen Zettel beschriften und hineinlegen.

Geistesblitze festhalten mit System

Dein Unterbewusstsein arbeitet ständig an deinem Buch weiter, auch wenn du gerade etwas anderes machst. Du fährst Auto, du erzählst jemandem von deinem Buch oder du liest etwas, und plötzlich weißt du, dass du genau darüber etwas in deinem Buch schreiben musst. Wenn es gut läuft, kannst du schnell ein Memo in dein Smartphone sprechen oder dir ein paar Notizen machen. Solche Geistesblitze hat man meistens nicht am Schreibtisch, sondern unterwegs oder im Gespräch. Oft sind es genau diese spontanen Ideen oder Formulierungen, die dein Buch lesenswert machen. Doch wenn man sie nicht gleich notiert, sind sie meist verloren. Das solltest du nicht riskieren.

Du wirst sehen, dass du – während dein Manuskript an Umfang gewinnt – immer häufiger völlig unerwartet wichtige Erkenntnisse hast, die mit deinem Buch zu tun haben. Mitten beim Wäschelegen oder Fernsehschauen weißt du auf einmal, wie du dies oder jenes strukturieren könntest und welche Topics auf jeden Fall noch in einen Absatz eingebaut werden müssen, damit er rund wird. Dein Unterbewusstsein unterstützt dich also bei deiner Arbeit.

Interview mit der Bestsellerautorin Nicole Staudinger

Wie haben Sie einen Verlag gefunden?

Ich habe mir ein paar Verlage rausgesucht, von denen ich dachte, es könne in deren Programm reinpassen. Dann habe ich die Ansprechpersonen gegoogelt und eine Mail geschickt. Von fünf antworteten drei mit einem Angebot.

Haben Sie ein Exposé, ein fertiges Manuskript oder einfach eine Buchidee angeboten?

Ich hatte damals so 20 Seiten geschrieben, und davon 10 hingeschickt. Dreizeiler dazu, fertig.

Wie viele Bücher haben Sie mittlerweile veröffentlicht?

Vier.

Was würden Sie heute anders machen?

Nichts. Aber mir ist natürlich bewusst, dass das die absolute Ausnahme ist und einem 6er im Lotto gleichkommt.

Was tun Sie, wenn Sie beim Schreiben festhängen?

Das passiert täglich. Ich gehe dann spazieren.

Wo schreiben Sie?

In meiner Bibliothek.

Wann schreiben Sie?

Wenn ich Zeit habe. Davon habe ich leider nicht so viel. Daher muss sich meine Kreativität nach meinem Terminplan richten. Ich danke Gott, dass sie das auch tut.

Was fällt Ihnen beim Buchschreiben am schwersten?

Mich nicht ablenken zu lassen.

Welchen Tipp würden Sie jemandem geben, der noch nie ein Buch geschrieben hat, jetzt aber endlich loslegen möchte?

Einfach machen. Nicht belesen „wie schreibe ich ein Buch“ oder so. Einfach anfangen. Papier ist ja geduldig.

In ihrem ersten Buch *Brüste umständehalber abzugeben* erzählte Nicole Staudinger offen und humorvoll von ihrer Brustkrebserkrankung, es folgten *Schlagfertigkeitsqueen* und *Stehaufqueen*, die ebenfalls Bestseller wurden. Ihr neuestes Buch heißt *Ich nehm' schon zu, wenn andere essen*. Sie begeistert ihr Publikum mit temperamentvollen und inspirierenden Leseshows. Mehr über die erfolgreiche Autorin, Speakerin und Trainerin findest du auf ihrer Homepage https://www.nicolestaudinger.de.

Schritt 7:
Verlag oder Selfpublishing – deine Entscheidung

Ziehen wir gemeinsam kurz Bilanz dessen, was du bisher erreicht hast. Inzwischen bist du nämlich schon einen Riesenschritt weiter: Du hast einen Schreibplan, du kennst die Konkurrenzprodukte, du bist dir über Zielgruppe, Genre und Schreibstil im Klaren und dein Inhaltsverzeichnis steht. Darauf kannst du sehr stolz sein, denn viele Neu-Autoren schaffen es nicht bis zu diesem Punkt. Das wichtige Fundament für dein Buch ist gelegt.

Jetzt gilt es eine wichtige Entscheidung zu treffen: Möchtest du deine Buchidee bei Verlagen und Agenturen anbieten oder ziehst du Selfpublishing vor? Davon hängt es ab, wie du weiter an deinem Projekt arbeitest.

Selfpublishing – du bist dein eigener Verleger

Wenn du dein Buch selbst veröffentlichen willst (dafür kann es sehr gute Gründe geben, wie du siehst, ist dieses Buch auch nicht bei einem klassischen Verlag erschienen), dann brauchst du kein Buchexposé zusammenzustellen. Stattdessen geht es für dich darum, dir einen Schreibplan für das Schreiben des ganzen Buchs zu machen. Das ist besonders wichtig, weil du ja keinem Abgabetermin bei einem Verlag verpflichtet bist.

Was gibt es zu tun, wenn du selbst publizieren willst? Die Reihenfolge sieht in etwa so aus:

- Schreibplan mit fixen Terminen machen
- Recherchieren und Schreiben
- Regelmäßig das Inhaltsverzeichnis aktualisieren und die Überschriftenhierarchie überprüfen
- Ideen für Titel und Untertitel sammeln
- Ideen für die Covergestaltung sammeln (Konkurrenz beobachten und sich inspirieren lassen)
- Das Inhaltsverzeichnis getrennt vom Text ausdrucken und einen roten Faden hineinbringen
- Den fertigen Text mit dem Rechtschreibprogramm überprüfen lassen
- Eventuell Korrektorat oder Lektorat beauftragen

- Eventuell Illustrationen in Auftrag geben
- Sich für einen Selfpublishing-Anbieter entscheiden
- Keywords sammeln, die für die Suchmaschinen optimiert sind
- Einen Klappentext schreiben
- Sich für einen Titel und ein oder zwei Untertitel entscheiden
- Ein Cover entwerfen oder in Auftrag geben
- Sich beim Selfpublishing-Anbieter registrieren und sich durch den Publikationsprozess führen lassen

Vor- und Nachteile beim Selfpublishing

Ich bespreche das Thema Selfpublishing hier nicht ganz so ausführlich, weil es eine Menge guter Bücher gibt, die sich auf das Selfpublishing konzentrieren. Inzwischen ist das eine etablierte und anerkannte Möglichkeit, sein Buch zu veröffentlichen. Keineswegs ist es nur etwas für Autoren, die „sonst keinen Verlag finden".

► Profi-Tipp

Drei gute Gründe, sein Buch selbst zu publizieren:

- *Es gibt Nischenthemen, die für einen gängigen Verlag zu klein sind, das heißt, es gibt rein rechnerisch zu wenige Käufer für ein Buch zu dem Thema. Die Druckkosten würden durch die zu erwartende Auflagenhöhe nicht abgedeckt geschweige denn würde Gewinn gemacht werden.*
- *Da du als Selfpublisher meist viel höhere Gewinnmargen bekommst als bei einem klassischen Verlag, kannst du mit einer relativ kleinen Menge an verkauften Büchern dennoch gutes Geld verdienen.*
- *Es gibt sie wirklich, die Autoren, die erst durch hartnäckiges Selbstverlegen einen Fuß in die Präsenz- und Onlinebuchhandlungen gesetzt haben und schließlich mehrfache Bestsellerautoren wurden.*

Im Internet findest du verschiedene Anbieter, die benutzerfreundlich durch den Prozess führen, vom Hochladen des Manuskripts bis zur Veröffentlichung. Da wiederum gibt es verschiedene Modelle – mit Lektorat, mit Covergestaltung, usw. -, aus denen du auswählen kannst und die natürlich unterschiedliche Preise haben. Du findest im Anhang einige Literaturempfehlungen. Ich rate übrigens dringend ab von Verlagen, die einen Druckkostenzuschuss verlangen, da ist Selfpublishing auf jeden Fall die sinnvollere Variante.

Das Buch, das du in den Händen hältst (oder auf deinem Kindle, Tablet oder Smartphone liest), habe ich mit dem Selfpublishing Programm von Amazon erstellt und publiziert.

Interview mit Krimiautor Arne Dessaul - Selfpublisher

Wie haben Sie einen Verlag gefunden? War es schwierig?

Ich habe gezielt nach Verlagen gesucht, die Regionalkrimis veröffentlichen, und zunächst drei angeschrieben. Da direkt ein Verlag darunter war, der meinen Krimi angenommen hat, habe ich nicht nach weiteren Verlagen gesucht.

Haben Sie ein Exposé, ein fertiges Manuskript oder einfach eine Buchidee angeboten?

Einige Verlage geben das ziemlich genau vor, so auch der Gmeiner Verlag, wo ich schließlich gelandet bin. Dort muss man zahlreiche Fragen rund um das Buchprojekt beantworten, angefangen von einer kompletten Inhaltsangabe (mit Exposé) bis hin zu Personenbeschreibung und Motivation. Zusätzlich wünscht Gmeiner eine Leseprobe von 20 Seiten.

Wie viele Bücher haben Sie mittlerweile veröffentlicht?

Zunächst zwei bei Gmeiner, danach zwei als Selfpublisher.

Warum haben Sie sich danach für Selfpublishing entschieden?

Buch 1 lief bei Gmeiner aus Verlagssicht überraschend gut. Darum haben sie Buch 2 eine Nummer größer als Premium aufgezogen und in relativ hoher Auflage gedruckt. Leider haben sie – trotz meiner Bitten und im Gegensatz zum ersten Buch – bei Gestaltung und Vermarktung komplett auf den regionalen Bezug verzichtet. Schließlich war das Buch nicht so erfolgreich wie das erste Buch. Für Buch 3 wollte Gmeiner dann den Inhalt bestimmen. Da ich Buch 3 zu diesem Zeitpunkt bereits zu einem Großteil fertig hatte und die inhaltlichen Vorgaben schrecklich fand, bin ich nicht bei Gmeiner geblieben. Weil es sich bei meinen Büchern um eine Serie mit immer demselben Kommissar als Hauptfigur handelt, ergab es keinen Sinn, einen anderen Verlag zu suchen, da niemand ohne weiteres eine angefangene Serie übernimmt. Deshalb habe ich Buch 3 selbst herausgebracht.

Was würden Sie heute anders machen?

Ich würde mich beim SP-Partner weniger auf mein Gefühl verlassen, sondern ausschließlich Fakten berücksichtigten. Konkret: Ich wäre besser schon beim ersten Buch zu BoD (Books on

Demand) gegangen, die einfach am bekanntesten sind, vor allem im Buchhandel.

Was tun Sie, wenn Sie beim Schreiben festhängen?

Nicht schreiben ☺ Da ich es nur nebenberuflich mache, ist das auch kein Problem!

Wo schreiben Sie?

Zuhause, und dort am Laptop, mit dem ich flexibel Räume wechseln oder sogar auf die Terrasse gehen kann.

Wann schreiben Sie?

Da ich voll berufstätig bin: abends, am Wochenende, im Urlaub.

Was fällt Ihnen beim Buchschreiben am schwersten?

Äußerlichkeiten von Personen beschreiben, ohne zu viele Klischees zu bedienen. Dialoge von mehr als zwei Personen.

Welchen Tipp würden Sie jemandem geben, der noch nie ein Buch geschrieben hat, jetzt aber endlich loslegen möchte?

Einfach anfangen und bloß nicht darüber nachdenken, ob das Werk eines Tages auch von anderen Menschen gelesen werden könnte. Also: zunächst nur für sich selbst schreiben. Alles andere ergibt sich – oder nicht.

Arne Dessauls neuestes Buch *Tödlicher Halt. Kommissar Helmut Jordan* ermittelt ist der vierte Fall für den Kommissar aus Wolfenbüttel. Angefangen hat alles mit *Trittbrettmörder*. Helmut Jordans erster Fall. Das war sein Einstieg in das Genre Regionalkrimi. Es folgten *Bauernjäger* und *50*. Auf der Website von Syndikat, einer Autorenvereinigung deutschsprachiger Kriminalautoren, findest du ein Portrait des Autors. https://www.das-syndikat.com/autoren/autor/6919-arne-dessaul.html

Schritt 8: Du brauchst einen Verlag

Du möchtest dein Buch in einem klassischen Verlag veröffentlichen? Dann gibt es zwei Wege: Entweder du bietest dein Buchprojekt direkt bei verschiedenen Verlagen an, aber natürlich nur bei solchen, die auch ohnehin etwas zu deinem Thema verlegen. Solltest du diese Verlagsrecherche in Schritt 2 noch nicht gemacht haben, ist das jetzt dran. Das geht am leichtesten, indem du bei Amazon nach Titeln mit deinen Keywords suchst. Da siehst du schnell, wer diese Bücher verlegt hat. Dann solltest du aber auch unbedingt noch die Verlags-Homepage konsultieren und nachsehen, welche Titel zu deinem Themenbereich in der Backlist vorhanden sind und welche Novitäten angekündigt sind. Auf diese Informationen kannst du nämlich in deinem Anschreiben Bezug nehmen. Damit zeigst du, dass du dich genau für diesen Verlag interessierst und das Verlagsprogramm kennst.

Der Weg über eine Literaturagentur

Eine andere Möglichkeit, einen Verlag zu finden, ist der Weg über eine Literaturagentur.

Solche Agenturen sind, so wie die Verlage auch, spezialisiert. Es gibt Agenturen für Kinderbücher, für Sachbücher, für Belletristik etc. Manche Agenturen betreuen auch Autoren aus mehreren unterschiedlichen Genres.

Wie findet man eine Agentur? Wenn du jemanden kennst, der jemanden kennt, der bei einer Agentur untergekommen ist, macht es Sinn, sich diesen Kontakt zur weiteren Suche zunutze zu machen. Ansonsten gibt es Listen mit Literaturagenturen im Internet, in denen man suchen kann. Einige davon findest du im Anhang dieses Buchs. Dort sieht man, welche Agenturen vom Genre her in Frage kommen. Dann sollte man, wie bei der Verlagsrecherche auch, die Homepage der jeweiligen Agenturen ansehen und sich ein Bild machen. Hier kann man sich bei der Auswahl durchaus von seiner Intuition leiten lassen, denn es ist schwierig, rein sachliche Kriterien heranzuziehen. Dafür gibt es einfach zu viele Agenturen.

Ich empfehle dir auf jeden Fall, erstmal dort anzurufen, bevor du dein Exposé hinschickst. Das würde ich auch bei Verlagen versuchen. Auf diese Weise kannst du in einem Telefonat schon heraushören, was gewünscht ist und was nicht gebraucht wird, und du kannst dein Exposé vor dem Versand daraufhin anpassen. Ich weiß, dass es nicht immer leicht ist, bis zum Lektorat durchzudringen, manchmal auch unmöglich aber einen oder auch mehrere Versuche ist es meiner Meinung nach unbedingt wert. Kommt es nämlich zu einem angenehmen Gespräch, ist dein Buchexposé bei der Einsendung nicht mehr eins von tausend anderen.

Auch bei Agenturen bewirbt man sich mit einem Exposé. Dieser Arbeitsschritt ist also derselbe, egal ob man sich direkt an die Verlage wendet oder den Weg über eine Agentur wählt. Wahrscheinlich hast du gehört, dass die Bewerbung bei einer Agentur vielversprechender ist als die Direktbewerbung. Nun, der Vorteil einer Agentur ist, dass – vor allem bei kleineren Agenturen – nicht ganz so viele Manuskripte eingesandt werden, man also nicht in der Masse verschwindet. Und wenn eine Agentur von deinem Buchprojekt begeistert ist und mit dir einen Vertrag schließt, wirst du zwar – bei Erfolg – 15 bis 20 % deines vertraglich vereinbarten Verlagshonorars an die Agentur abgeben müssen, hast aber jemanden an deiner Seite, der nicht nur dein Exposé und deine Texte lektoriert, sondern auch gute Konditionen mit dem Verlag für dich aushandelt und dich beim Schreibprozess begleitet. Außerdem wird eine gute Agentur dich auch bei anderen Verlagsprojekten als Autor ins

Spiel bringen und dir neue Schreibaufträge verschaffen.

Was Lektoren und Agenten gerne lesen

Ich habe es schon an anderer Stelle gesagt: Wer für sein Buchprojekt einen Verlag sucht, muss für sein Exposé nicht schon das ganze Buch fertig haben. Es genügen bestimmte Teile, aus denen sich das Buchangebot zusammensetzt, unter anderem eine repräsentative Schreibprobe. Was genau eingesandt werden muss, ist in deutschsprachigen Raum nicht klar festgelegt. Manche Verlage haben ganz bestimmte Wünsche. Deswegen ist es wichtig, dass du jeweils auf der Homepage der Verlage respektive Agenturen, die für dich in Frage kommen, nachsiehst, ob dazu etwas steht. Oft gibt es einen Punkt „Manuskripteinsendungen" oder „Für Autoren". Solltest du vorab mit einem Lektor oder Agenten telefonieren können, kannst du natürlich auch im Verlauf des Telefonats um genauere Informationen bitten.

In jedem Fall ist bei der Erstellung des Exposés immer zu bedenken, dass Lektoren und Literaturagenten wenig Zeit haben. Es muss dir also gelingen, deine potentiellen Auftraggeber schon in den ersten Sätzen des Anschreibens neugierig zu machen. Gelingt dir das, liest er weiter. Gelingt dir das nicht, landet deine mühsam erarbeitete Verlagsbewerbung im Papiermüll. Klingt hart, ist aber so. Die Anzahl der unverlangt eingesandten Manuskripte ist im Allgemeinen so groß und die Arbeitslast der Lektoren so hoch, dass oft nicht mal Zeit bleibt, eine Absage zu verfassen. Im Folgenden erfährst du, was du für eine herausragende Verlagsbewerbung vorbereiten und zusammenstellen solltest.

Die vier Teile eines professionellen Buchexposés

Nicht nur Buchhändler denken in Kategorien, sondern auch Verlagsmenschen und Agenten. Sie fragen sich immer, wo ein Buch hinpassen könnte und warum jemand es kaufen wollen sollte. Letztendlich sind Verlage gewinnorientierte Unternehmen, und diejenigen, die das nicht sind, gehen früher oder später in Konkurs. Du musst in dem, was du einsendest, Argumente liefern, warum es sich sozusagen um eine Win-win-Situation für euch handelt: Du willst dein Buch veröffentlichen und möglichst gut verkaufen, der Verlag will gute Autoren haben und auch möglichst gut verkaufen.

Deswegen dürfen bestimmte Informationen in deinem Buchexposé nicht fehlen:

- Wen sprichst du mit deinem Buch an? Wer ist die Zielgruppe?
- Welches Bedürfnis stillst du beim Leser? Was ist das Besondere an deinem Buch? Löst du ein Problem? Wenn ja, welches?
- Was ist der USP (Alleinstellungsmerkmal)? Warum sollte der potenzielle Leser es kaufen (Kaufimpuls)?
- Welches Genre bietest du an? Politisches Sachbuch, praktischer Elternratgeber, spiritueller Reisebericht, Liebesroman, erzählendes Kinderbuch? Leg dich fest.
- Wovon wird dein Buch handeln?
- Bei Romanen: Welche Erzählperspektive hast du gewählt? Wo spielt die Geschichte? Wann spielt sie?
- Warum bist du ein Garant dafür, dass dieses Buch ein Erfolg wird (große Social-Media-Reichweite; viele Klienten, aus Radio und TV bekannt, Journalist, Speaker, anerkannter Experte)?
- Welchen Umfang planst du zu schreiben?
- Wie ist das Buch aufgebaut?

- Braucht das Buch Illustrationen? Wenn ja, Fotos, Zeichnungen, Tabellen? Warum hältst du das für wichtig für den Verkaufserfolg des Buchs?
- Welche Themen/Kapitel sind vorgesehen?
- Wie lautet der Arbeitstitel?

► Profi-Tipp

Bestimmt hast du dir Gedanken gemacht, wie dein Buch heißen soll. Auch wenn die Titelformulierung erst später so richtig zum Thema wird, wenn dein Buch in der Vorschau angekündigt werden soll und das Cover layoutet wird, ist es wichtig, hier etwas hinzuschreiben, das deinem Anliegen entspricht.

Nicht selten wird dein Buch bei der Veröffentlichung einen anderen Titel tragen, das wird sich zeigen. Aber im Exposé kannst du mit einem aussagekräftigen Arbeitstitel und ein oder zwei „erläuternden" Untertiteln die Aufmerksamkeit der Redaktion auf dein Buchprojekt ziehen.

Das Anschreiben muss neugierig machen

Dein Ziel muss sein, in den ersten drei bis fünf Sätzen einen packenden Eindruck davon zu vermitteln, worum es in deinem Buch geht. Aussagekräftig und dennoch kurz und knapp. Idealerweise erfasst der Lektor am Anfang, dass es sich hier um einen interessanten und gut verkäuflichen Titel handelt. Interessant muss dabei nicht neuartig bedeuten, versuche nicht, übertrieben originell zu sein, aber stelle die Alleinstellungsmerkmale von Buch und Autor hervor.

Wenn du mit diesem Teil haderst, kannst du so vorgehen: Beantworte die obigen Fragen in Stichworten, finde treffende Schlüsselwörter und baue daraus die ersten drei bis fünf Sätze. Lass weg, was für dein Buch weniger wichtig ist, stelle heraus, was besonders ist. Lass auf jeden Fall anklingen, dass du gute Verkaufsargumente für den Verlag hast.

Stell dir bei der Formulierung vor, du würdest bei einer Party zufällig den Lektor deines Traumverlags in der Schlange am Buffet kennenlernen und ihm in wenigen Sätzen erklären wollen, wie dein Buchprojekt aussieht. Du willst ihn jetzt begeistern! Was muss er wissen, was ist irrelevant? Was macht ihn neugierig? So ist es auch in deinem Exposé. Es muss deinem Ansprechpartner möglich sein, die Informationen über dein angebotenes Projekt auf einen Blick zu erfassen. Vielleicht kennst du Fernsehshows wie „Die Höhle der Löwen“ oder „Shark Tank“. Ähnlich wie in diesen Sendungen Bewerber Investoren oder eine Stelle suchen und einen Vertrag abschließen möchten, willst du einen Verlagsvertrag bekommen. Du machst deinen Pitch also auch in wenigen Sätzen und hoffst, dass Lektor oder Agent weiterlesen und dir schließlich einen Vertrag anbieten.

► Profi-Tipp

Bringe alle Einzelteile deines Exposés in einer Datei zusammen und füge eine Kopfzeile ein. Darin sollte dein Name stehen, der Arbeitstitel und die Seitenzahl.

Ich empfehle dir außerdem in einer Fußzeile einen Copyright-Vermerk anzubringen, z. B. Alle Rechte vorbehalten © Ulla Nedebock 2019. Zwar gehören dir deine Texte aufgrund des Urheberrechts ohnehin, aber ein Hinweis darauf, dass du dir dieses Rechts bewusst bist, kann manchmal nicht schaden.

Zusammenfassung des Inhalts plus Verkaufsargumente

Im Anschluss an deinen packenden Pitch erzählst du, wovon dein Buch handelt. Es geht darum, eine Kurzfassung der Handlung beziehungsweise des Inhalts zu liefern. Auf zwei bis maximal fünf Seiten verschaffst du dem Lektor einen repräsentativen Eindruck deines Buchs.

Bei einem Sachbuch möchte der Lektor zunächst Folgendes wissen:

- Gibt es eine Kernthese, ein zentrales Thema?
- Welches Problem löst es für den Leser? Wie hilft es dem Leser? Worüber informiert es ihn?

Bei Romanen braucht er zunächst folgende Informationen:

- Wer ist die Hauptfigur?
- Welche Entwicklung macht sie durch? Welche Motivation hat sie?

- Wo spielt die Geschichte?
- Es ist wichtig, dass der Handlungsbogen klar erkennbar ist – also keine Geheimniskrämerei um den Schluss! Diesen musst du hier miterzählen.

Mach dir klar, dass der Lektor mit den Augen eines Profis liest und nicht, weil er so viel Vergnügen am Lesen hat. Für ihn geht es darum, in kurzer Zeit abzuschätzen, ob sich eine Veröffentlichung für den Verlag lohnt. Dennoch solltest du deinem Stil treu bleiben und nicht zu sachlich werden. Vergiss nicht, dass ein Buch immer nicht nur die Verstandes- sondern auch die Gefühlsebene anspricht. Das ist bei Sachbüchern nicht anders als bei Romanen. Kreiere Atmosphäre! Wahrscheinlich fragst du dich jetzt, was ich damit meine. Ein paar Beispiele: Bietest du einen Krimi an, wähle Stil und Worte so, dass Spannung entsteht, für eine Liebesgeschichte erzeuge eine romantische Atmosphäre. Möchtest du einen Gesundheitsratgeber verkaufen, arbeite mit Adjektiven wie „lecker“, „gesund“ und „fit“, handelt es sich um eine Streitschrift über das Sorgerecht, kann dein Ton kämpferischer sein. Ich denke, du wirst selbst gut spüren, was dein Text braucht. Adjektive sind auf jeden Fall hilfreich und nicht zu viele Substantivierungen. Der goldene Mittelweg ist ein stimmungsvoller und zugleich informativer Text. Am besten gibst du dein Exposé mehreren Leuten zum Lesen und arbeitest ihr Feedback ein.

An die Informationen zu Thema und Problemlösung beziehungsweise Handlung und Hauptfigur schließt du deine Verkaufsargumente an, vier bis fünf sollten es schon sein. Diese hast du bei der Konkurrenzrecherche in Schritt 2 gesammelt. Das solltest du sowohl bei Sachbüchern als auch bei Romanen nicht versäumen, denn damit zeigst du, dass du nicht „mal so" ein Buchprojekt anbietest, sondern dir viele Gedanken gemacht hast und auch marktorientiert denkst.

Welches sind deine Verkaufsargumente?

- Wer wird das Buch kaufen? Wer ist die Zielgruppe?
- Was ist der Nutzen deines Buchs?
- Durch welche Merkmale unterscheidet sich das Buch von bereits vorhandenen Titeln (nenne hier ruhig diese Titel)?

- Warum ist es wichtig, dass dieses Buch verlegt wird, obwohl es doch schon viele Bücher zu diesem Thema gibt?
- Was ist dein USP – Unique Selling Point? Also was wird in deinem Buch anders – und besser – sein als in anderen zu diesem Thema? Warum ist das Thema zurzeit aktuell und von besonderem Interesse?

Sollte es sein, dass dein Buch erklärende Zeichnungen oder Fotos braucht, dann kannst du das hier kurz anfügen. Vielleicht stellst du dir vor, dass stimmungsvolle Bilder den Grundton des Buchs unterstützen (etwa in einem Geschenkbuch) oder du verweist im Text auf Illustrationen (Tiere im Wald). Wenn du selbst über solches Bildmaterial verfügst bzw. es zur Verfügung stellen kannst, schreib das dazu. Illustrationen verursachen in der Produktion Mehrkosten, also musst du gut begründen, warum sie in dein Buch hineingehören und ob du eventuell selbst für sie sorgen kannst, um nicht so hohe Zusatzkosten zu verursachen.

Das Inhaltsverzeichnis zeigt die Struktur

Damit ein Lektor oder Agent sich schnell einen Überblick über dein geplantes Buchprojekt verschaffen kann, fügst du dein Inhaltsverzeichnis bei. Hier sieht der Verlagsprofi, ob du dein Thema gut in Bereiche gegliedert hast und ob es logisch aufgebaut ist. Befindet sich dort eine lose Sammlung von Gedanken, wird das kaum überzeugen. Es reicht nicht, die Begriffe Einleitung und Schlusswort quasi als Klammer um einen ansonsten wirren Inhalt zu setzen. Zumal du diese Begriffe meiner Erfahrung nach besser durch aussagekräftige Kapitelüberschriften ersetzt.

Versuche dich bei jeder Kapitelüberschrift in die Leser deiner Zielgruppe hineinzuversetzen und frage dich: Welches ist der größte Nutzen für den Leser? Welches Problem löst du? Nach welchen schnellen und einfachen Lösungen sucht er? Vermeide dabei Substantivierungen, also zum Beispiel anstatt „Mehr Selbstbewusstsein gewinnen“ besser „So gewinnst du mehr Selbstbewusstsein“.

Du solltest dir bewusst sein, dass Kunden in einer Buchhandlung als erstes Cover und Rückseite des Buchs scannen. Wenn das ihr

Interesse geweckt hat, blättern sie durch das Inhaltsverzeichnis. Es muss dir also gelingen, sie hiermit zu begeistern. Erst dann lesen sie hier und da im Buch ein paar Sätze oder auch Seiten.

Käufer auf der Amazon-Plattform oder anderen bei anderen Online-Buchhändlern entscheiden sich aufgrund des Covers weiter zu klicken, überfliegen die Beschreibung des Buchs, wählen vielleicht „Blick ins Buch", checken dann die Bewertungen und kaufen im besten Fall aufgrund dieser Informationen. Du siehst, Inhaltsverzeichnis und Beschreibung müssen Hand in Hand gehen und neugierig machen.

Ein gutes Inhaltsverzeichnis hat einen Anfang und ein Ende, es hat einen roten Faden. In einem Buch für Eltern von Kita-Kindern kann das zum Beispiel die Kindesentwicklung sein, in diesem Buch sind es die zehn aufeinanderfolgenden Arbeitsschritte, in einem Kochbuch können es die Jahreszeiten sein, in einem Roman durchläuft die Hauptfigur eine Wandlung, in einem Krimi strebt alles der Auflösung des Falls zu, in einem Reisebuch gibt es Anfang und Ziel, und in einem unterhaltenden Sachbuch über das Abnehmen fängt man mit dem unerwünschten Ausgangszustand an, erzählt von unsäglichen sinnlosen Diätqualen und arbeitet sich zur Traumfigur vor. Wichtig ist, dass eine Logik für den Lektor erkennbar ist. Nur wenn er diese sofort erfassen kann, wird es auch der Leser können und das Buch zur Kasse tragen, nachdem er das Inhaltsverzeichnis gescannt hat. Und nichts anderes will letztlich der Lektor, willst du, will der Verlagsleiter erreichen.

Deine Vita passt zum Buchprojekt

Dem zuständigen Redakteur wird es viel leichter fallen dein Buchkonzept zu beurteilen, wenn du ihm auch etwas über dich erzählst. Bist du Experte auf dem Gebiet? Oder arbeitest du mit anderen Menschen in diesem Bereich? Bloggst du erfolgreich dazu? Welche deiner Kenntnisse, Ausbildungen und Rollen qualifizieren dich als Autor für dieses Thema? Hast du Erfahrungen gemacht, die du mit anderen teilen möchtest?

Hast du Schreiberfahrungen gesammelt, zum Beispiel, weil du journalistisch tätig bist? Oder bist du Lektorin? Oder regelmäßiger Blogger? Auf all das musst du natürlich im Teil *Über mich* hinweisen. Nutze jede Chance, dich von der Masse abzuheben.

Hier ein kurzer Ausflug in die Rubrik, mit der ich vor allem zu tun habe, nämlich Ratgeber für

Eltern. Manchmal höre ich in Gesprächen mit einer potentiellen Autorin, sie sei ja “nur” Mutter und hätte keine Ausbildung oder ein Studium in Pädagogik oder Familientherapie vorzuweisen. Das ist auch nicht nötig! Wer über Jahre hinweg tagaus tagein für seine Kinder sorgt und sie begleitet, ist qualifiziert, ein Buch über ein Familienthema zu schreiben. Ähnlich verhält es sich mit einem Trauer-Buch. Wer einen wichtigen Menschen verloren hat, ist durch Lebensphasen gegangen, die nicht jeder kennt. Oder ein Buch übers Gärtnern: Man muss nicht ausgebildeter Zierpflanzengärtner sein, um Gartenliebhabern wertvolle Ratschläge geben zu können. Doch auch hier gilt: Wenn die Mutter, die trauernde Person oder der Gärtner über Schreiberfahrung verfügt, dann muss das erwähnt werden. Solche Fähigkeiten geben oft den Ausschlag bei der Auswahl der Manuskripte.

Falls du schon etwas veröffentlicht hast oder regelmäßig bloggst, solltest du das natürlich in deinem Exposé erwähnen, also Homepage deines Blogs, Buchtitel oder Zeitschrift. Für den zukünftigen Verkauf deines Buchs ist es gut, wenn du schon eine Autorenmarke bist und/oder Newsletter-Abonnenten, Seminarteilnehmer oder Facebook-Gruppen hast, die dich kennen. Das stellt dem Verlag Umsatz in Aussicht, den du über diese Kanäle generieren kannst.

► Profi-Tipp

Die Schreibprobe formatierst du am besten als Normseite. Also DIN A4 mit 30 Zeilen à 60 Anschlägen, also ca. 1800 Zeichen. Die Leerzeichen zählen mit.

Als Schrift haben sich Courier New oder Arial eingebürgert, am besten in 12 pt, und einen Zeilenabstand von 1,5 oder 2.

Es ist einfacher, keinen Blocksatz zu wählen, sondern linksbündigen Flattersatz. Damit passiert es nicht, dass du an manchen Stellen unterschiedliche Abstände zwischen den Buchstaben hast.

Eine Schreibprobe demonstriert dein Schreibtalent

Hierfür reichst du natürlich einen Text ein, den du besonders gelungen findest und der sich mit einem deiner Kernthemen beschäftigt. Vielleicht hast du ja schon das eine oder andere Kapitel geschrieben. Es empfiehlt sich nicht, die Einleitung als Probetext zu nehmen!

Nimm dir die Zeit, den Text von einem Rechtschreibprogramm prüfen zu lassen, mache Absätze, füge Zwischenüberschriften ein und lass auch noch eine Freundin oder einen Bekannten darüber lesen. Was den Umfang angeht, hat es sich eingebürgert, etwa 20 bis 25 Seiten Probetext mitzuschicken.

► Profi-Tipp

Hol dir professionelle Hilfe oder bitte Freunde, deinen Text zu lesen, bevor du das Exposé abschickst. Frage auch ganz bewusst Freunde, die mit Kritik nicht hinterm Berg halten. Das bringt mehr als höfliche Nettigkeiten. Es macht einfach einen besseren Eindruck, wenn keine Rechtschreib- und Grammatikfehler in deinen Texten vorkommen.

Frage auch nach Verständlichkeit und Logik. Manchmal steckt man als Autor so tief in der Materie drin, dass man gar nicht mehr daran denkt, wie neu die eigenen Gedanken und Ideen für andere wirken, und dass sie vielleicht mehr Hintergrundinformationen benötigen, um dein Buchprojekt und seine Besonderheit gut zu verstehen und wertzuschätzen.

Verschicke dein Exposé mit Strategie

Inzwischen hast du eine Liste von Verlagen und vielleicht auch Agenturen, mit denen du gerne dein Buch veröffentlichen würdest. Willst du dich direkt bei Verlagen bewerben, dann schau dir deine Liste an und wähle zwischen 3 und 10 Verlagen aus. Für Neu-Autoren halte ich im Allgemeinen 5 Verlagsbewerbungen für sinnvoll, aber je nach Themengebiet können es weniger oder mehr sein. Hast du dich für den Weg über eine Agentur entschieden, kannst du es erstmal an drei Agenturen verschicken.

Bevor du etwas losschickst, überprüfe noch einmal deine Liste mit den Verlagen, die dir für eine Veröffentlichung gefallen würden, daraufhin, ob sie wirklich dein Thema bedienen. Ich empfehle dir dringend, dein Buchexposé strategisch klug anzubieten. Das heißt, du informierst dich so gut wie möglich über den Verlag, bei dem du dich bewirbst. Auf der Homepage kannst du das Verlagsprogramm einschließlich der Genres und Themengebiete einsehen. Es lohnt sich, hier noch einmal gute Recherchearbeit zu machen. Gibt der Verlag Informationen dazu, in welcher Form und auf welchem Weg er die Manuskripteinsendungen (Buchangebote) wünscht? Dann richte dich danach. Oft gibt es „So wird man Autor im xy-Verlag“ oder „Manuskripteinsendungen“. Manchmal kannst du sogar den Namen des Ansprechpartners im Verlag finden, zumindest aber den Namen der Redaktion. So kannst du zum Beispiel an Frau xy, Lektorat adressieren oder an Lektorat Kinder- und Jugendbuch.

Bekommst du kalte Füße? Das kenne ich. Das Ding ist fast fertig und jetzt zuckst du zurück. Das ist vollkommen normal. Wir Autoren neigen zum Perfektionismus. In dieser Phase, in der wir das Exposé endlich abschicken könnten, taucht dieser blöde kleine Mann im Ohr auf und sagt: „Das ist noch nicht gut genug. Wenn du es so abschickst, war alles umsonst.“ Also schiebt man den Stapel zur Seite und nimmt sich vor, alles mit etwas zeitlichem Abstand nochmal durchzulesen. Da liegt es dann. Denn es ist ja noch nicht gut genug. Es bleibt weiterhin liegen und macht ein schlechtes Gewissen. Man hat ja eigentlich eine Menge Zeit und Ideen hineingesteckt hat und sein Bestes gegeben. Aber ist das Beste gut wirklich gut genug? Vielleicht nicht.

Schluss damit! Du hast dein Bestes gegeben! Jetzt schickst du es los. Da du schon die Adressen und Ansprechpartner ausgewählt hast, geht es nur noch darum, an wen du dein Buchexposé in welcher Form verschicken muss. Auch das hast du schon alles herausgesucht und vorbereitet. Also: Dies ist wirklich einer der schnellsten und einfachsten Schritte des gesamten 10-Schritte-Programms. Pack Schreibprobe und Exposé in einen Umschlag und ab die Post!

Schritt 9: Endlich Autor - Wie geht es weiter?

Ich kann dir aus meiner Erfahrung als Lektorin und Verlagsscout sagen: Wenn du dein Exposé mit den vorangegangenen 8 Schritten vorbereitet hast, ragt es dermaßen aus der Masse der unverlangten Einsendungen beim Verlag heraus, dass deine Chancen sehr gut stehen, deinen Traum vom eigenen Buch mit einem Verlag verwirklichen zu können. Lektoren schätzen gute Arbeit. Sie freuen sich auf die Zusammenarbeit mit Menschen, die ihre Buchidee nicht einfach mal so hinschludern, sondern ein ansprechendes Paket für den Verlag geschnürt haben. Ein hervorragendes Buchexposé verspricht schließlich auch ein hervorragendes Manuskript. Klar, denn dieser Autor hat ja schon eine überdurchschnittliche Vorarbeit geleistet. Das lieben Lektoren: Einen Autor, der sich ernsthaft mit seinem Thema beschäftigt, die Konkurrenz auf dem Markt kennt, weiß, für wen er schreibt, eine übersichtliche Gliederung aufgebaut hat, konzentriert an einer Sache arbeiten kann und offensichtlich in der Lage ist, herausragende Ergebnisse zu liefern.

Du bekommst einen Autorenvertrag

Häufig läuft es so: Dein Exposé gefällt einem Verlagslektor beziehungsweise einem Agenten. Du wirst per Telefon oder Mail kontaktiert und gemeinsam überlegt ihr, wie das Buchprojekt konkret aussehen könnte. Vielleicht wirst du gebeten, dein Exposé hier und da noch etwas zu überarbeiten, du schickst auch dieses Ergebnis wieder ein und erhältst mit hoher Wahrscheinlichkeit ein Vertragsangebot.

Auch Folgendes ist nicht selten: Es sind gleich mehrere Verlage oder Agenturen so begeistert von deinem Exposé, dass sie dir eine Veröffentlichung und einen Vertrag anbieten. Du kannst auswählen, bei wem du am liebsten veröffentlichen willst und eventuell kann die Agentur auch ein Biete-Verfahren machen, das heißt mehrere Verlage bieten der Agentur ihre Honorarvorstellungen und Vertragskonditionen an. Dein Buchprojekt ist hart umkämpft, und wer die besten Konditionen bietet, bekommt den Zuschlag.

Was du tun kannst, wenn keine Zusage kommt

Dritte Möglichkeit: Du bekommst Absagen oder gar keine Antwort. Du hast sicher schon von anderen Autoren gehört, dass es ihnen so ergangen ist. Dann solltest du auf keinen Fall aufgeben. Zunächst kannst du versuchen, anzurufen und dir Feedback zu holen. Manchmal reicht das, um doch noch miteinander ins Geschäft zu kommen, weil sich im Telefonat zeigt, dass ihr zusammen etwas auf die Beine stellen könnt. Aber auch, wenn es sich nicht so erfreulich entwickelt: Zögere nicht, bei allen angeschriebenen Verlagen beziehungsweise Agenturen nachzufragen, was du hättest anders oder besser machen können.

Autor werden über Umwege

Ideal ist es, wenn du im Gespräch herausfinden kannst, für welche Themen gerade Autoren gesucht werden. Mit etwas Glück hast du die nötige Expertise oder Erfahrung, um auf diese Weise ins Verlagsgeschäft einzusteigen. Viele Verlage beschäftigen nämlich Autoren für sogenannte Gebrauchstexte. Das heißt, diese Autoren werden vom Verlag angefragt, ob sie zu diesem oder jenem Thema (weil sie sich dort gut auskennen) einen Text für ein Buch verfassen wollen. Es kann also gut sein, dass du durch einen einzigen Anruf deine Autorenkarriere – sozusagen auf Nebengleisen – startest. Und oft entstehen daraus neue Buchprojekte, bei denen du dann auch dein Herzensthema unterbringen kannst. Der Autorin und Lektorin Katia Simon ist es auf diesem Weg gelungen, beständig Schreibaufträge zu bekommen. Im Interview (in Schritt 4)mit ihr erfährst du mehr darüber.

Neue Verlage, neues Glück - Nicht aufgeben

Auch wenn sich aus den Telefonaten nichts ergeben hat, solltest du dir auf jeden Fall weitere Verlage oder Agenturen aussuchen, die dein Themengebiet verlegen und bei denen du gerne veröffentlichen würdest. Überarbeite dazu dein Buchexposé noch einmal, vor allem passe deine Anschreiben wieder möglichst gut an die Verlagsprofile an und – nochmal ab die Post!

DIESES
Buch
WILL ICH
für mich
SCHREIBEN

Schritt 10:
Hör nicht auf zu schreiben

Du hast deine Verlagsbewerbungen abgeschickt und wartest sehnsüchtig auf Emails, Post oder Anrufe. Das ist verständlich. Ich empfehle dir trotzdem, deiner neu gewonnenen Schreibroutine treu zu bleiben und weiter an deinem Buch zu arbeiten. Du steckst jetzt so gut im Thema drin und es wäre schade, in dieser Phase die Hände in den Schoß zu legen. Arbeite weiter daran, freue dich daran, wie es wächst und stell dir vor, du könntest dem Lektor, der sich bei dir meldet, sagen, dass du inzwischen schon die Hälfte oder mehr des Manuskripts fertiggestellt hast. Wie erleichternd wäre das denn? Da du entschlossen bist, dein Buch zu veröffentlichen, wirst du es eh zu Ende schreiben müssen. Warum nicht jetzt in der Routine bleiben?

Am Inhaltsverzeichnis entlang schreiben

Bei den Autoren, die ich betreue, lege ich besonderen Wert darauf, dass sie schon früh im Entstehungsprozess des Buchs das

Inhaltsverzeichnis schreiben. Dadurch sind sie gezwungen, sinnvoll zu gliedern und ihre Kernthemen auf den Punkt zu bringen.

Doch der zweite große Nutzen dieser Vorarbeit zeigt sich jetzt, wenn es ans Schreiben des ganzen Manuskripts geht. Das Inhaltsverzeichnis gibt dir vor, was du als Nächstes schreibst. Ob du der Reihenfolge nach gehst oder mal hier und mal da ein Kapitel füllst, bleibt natürlich dir überlassen. Entscheidend ist, dass du nach und nach die Kapitel mit Text füllst?? Und das Manuskript sichtbar umfangreicher.

► Profi-Tipp

Immer wenn du wieder einige Seiten geschrieben hast, solltest du das Inhaltsverzeichnis aktualisieren. Dazu klickst du mit der linken Maustaste auf das Inhaltsverzeichnis ganz am Anfang des Texts. Dann öffnet sich darüber ein kleines Fenster „Inhaltsverzeichnis aktualisieren". Mit der linken Maustaste daraufklicken und „Gesamtes Verzeichnis aktualisieren" wählen. Tataa, du siehst dein aktuelles Inhaltsverzeichnis mit allen Überschriften. Nur der Titel des Buchs wird nicht angezeigt, weil er ja nicht zum Inhaltsverzeichnis gehört.

Das Leben als Autor

Früher habe ich mir Autoren immer so vorgestellt: Sie sitzen mit dicker Brille und gebückt am Schreibtisch, hämmern in ihre Tastatur und um sie herum ist ein heilloses verdrecktes Chaos, das sie aber nicht stört, weil sie ja Dichter und somit der Welt entrückt sind. Was soll ich sagen: Ich trage auch eine Brille, habe oft Rückenschmerzen, weil ich zu wenig auf meine Haltung achte und meine Tastatur klappert laut. Wenn ich in die heiße Phase eines Buchs komme (mit anderen Worten: der Abgabetermin ist bedrohlich nahe), neigt mein Haushalt zum Chaos, das Haus ist auch tendenziell nicht so gut geputzt, es gibt „schnelles" Essen und gewaschen wird nur das Nötigste. Ich stehe oft richtig früh auf und schreibe, einfach, weil ich das Ding dann zu Ende bringen will (oder eben wegen des Abgabetermins). Diesen Sprint am Schluss kennen alle Autoren – also wahrscheinlich gibt es Ausnahmen -, doch du kannst den Druck herausnehmen, indem du einfach weiterschreibst.

Das Erfolgsrezept: Die Schreibroutine beibehalten

Der Termin, an dem das Manuskript beim Verlag eingereicht werden muss - beziehungsweise dein selbst gesetzter Termin-, steht ja seit Schritt 1 in deinem Kalender.

Inzwischen kennst du dein durchschnittliches Schreibtempo, kannst also den Zeitaufwand für eine bestimmte Wörteranzahl gut abschätzen. Da du dein Inhaltsverzeichnis sinnvoll aufgebaut hast, kannst du die Schreibarbeit – den Kapiteln entsprechend - in „Häppchen“ aufteilen.

Überprüfe regelmäßig - mit den Erfahrungen der letzten Wochen – deinen Schreibplan und die zugeordneten Termine und Aufgaben im Kalender. Passt das noch alles? Ist das realistisch? Falls ja, wunderbar, einfach weitermachen. Wenn nicht, dann solltest du für die nächsten Wochen und Monate festlegen, wann du was recherchierst und schreibst. Je detaillierter, desto besser. Nimm dazu dein aktuelles Inhaltsverzeichnis zur Hand. Trage die Kapitelüberschriften jeweils an den Terminen ein, an denen du daran arbeiten willst.

► Profi-Tipp

- *Halte deinen Schreibplatz frei von „visual noise“ Will sagen, Rechnungen, To-Do-Notizen und unnötiger Kram haben da nichts zu suchen. Sie lenken nur ab. Ich habe da viel von Gretchen Rubin gelernt, die in Outer Order, Inner Calm praktische Lösungen aufzeigt, wie man sich von Ballast befreit. Auch Marie Kondo mit ihrem Magic Cleaning ist dabei eine Riesenhilfe.*
- *Whatsapp oder SMS können warten. Schalte dein Smartphone am besten stumm. Mailbenachrichtigungen am PC sind auch pure Ablenkung und sollten nicht auf dem Bildschirm aufploppen, während du schreibst.*

Buch schreiben mit realistischer Zeiteinschätzung

Wenn du den ganzen Tag außer Haus einem Beruf nachgehst oder dich um deine kleinen Kinder kümmerst, hast du natürlich weniger Zeit zum Schreiben als ein alleinlebender Mann im Ruhestand oder eine Mutter, deren Kinder schon älter und selbstständiger sind. Worauf will ich hinaus? Ich möchte, dass du die Lebensphase, in der du intensiv an einem Buch schreibst, nicht als pure Überforderung erlebst. Deswegen ist es wichtig, dir nur so viel vorzunehmen, wie du realistisch erledigen kannst.

Für Menschen mit einer vollen Stelle, die sie den ganzen Tag in Anspruch nimmt, ist es meistens besser, pro Tag eine Stunde pro Tag zum Schreiben einzuplanen als drei Stunden. Anstatt dich mit zu hohen Zielen, die du nicht erfüllen kann, zu frustrieren, solltest du lieber Ziele haben, die zu deinem Leben passen. Gelingt es dir, jeden Tag dein Schreibprogramm durchzuziehen, wird dich das nämlich weiter anspornen.

► Profi-Tipp

- *Schreibe jeden Tag eine bestimmte Wörteranzahl oder eine bestimmte Zeit lang. Besser jeden Tag ein „Häppchen“ als einmal viel und dann lange Zeit gar nichts. Ob du die Wochenenden aussparst, entscheidest du je nach Lebenssituation.*
- *Entwickle für dich eine persönliche Routine. Wo und wann schreibst du jeden Tag beziehungsweise jeden Werktag?*
- *Notiere dir täglich, wie viele Wörter du geschrieben hast und freue dich daran, wie der Umfang deines Manuskripts stetig wächst.*
- *Probiere auch mal Folgendes aus: Anstatt im Schreibplan zu notieren „Kapitel 3 weiterschreiben“ legst du fest „Kapitel 3.1 bis 3.3.“ schreiben und abschließen. Mir hilft das, fokussierter zu arbeiten, und meistens bin ich viel schneller, produziere also in kürzerer Zeit mehr Text.*

So, wie du mit deinen Schreibzeiten konsequent bist, deinen Schreibplan einhältst und den dazugehörigen Kalender immer updatest, so konsequent solltest du auch weiterhin mit der Gestaltung deines Schreibplatzes sein.

Ich wünsche dir von Herzen viel Spaß beim Schreiben und Recherchieren und natürlich ganz viel Erfolg mit deinem Buchprojekt!

Für noch mehr Profi-Tipps rund ums Schreiben, Veröffentlichen und Autor werden schau dich mal auf meiner Webseite um: https://www.ullanedebock.com/ Dort erfährst du auch, wie ich dich individuell unterstützen kann und welche Seminare ich anbiete.

Liebe Grüße von Autorin zu Autor/Autorin,

Deine Ulla

Weiterschreiben
EINFACH
IMMER
Weiterschreiben

Bücher und Webseiten rund ums Schreiben und Publizieren

Bücher über das Schreiben und die Verlagswelt

Harry Bingham, *Writers‘ & Artists‘ Yearbook Guide to Getting Published*. Bloomsbury, 2010.

Sylvia Englert, *Autoren-Handbuch*. Autorenhausverlag, 2016.

Morgan Gist Macdonald, *Start Writing your Book Today*. Selfpublished 2015.

Michael Jäckel, *Passives Einkommen mit eigenen eBooks*. Selfpublished 2018.

Tim Rohrer, *Ein Buch schreiben und Autor werden*. BoD, 2017.

Jeannette Zeuner, Michael Kaindl. *Buch schreiben. Mit System zum Bestseller.* Syncron Edition, 2018.

Bücher über Selbstorganisation und Schreibroutine

David Allen, *Getting things done. The art of stress-free productivity*. Piatkus, 2019.

Brendon Burchard, *High Performance Habits. How Extraordinary People Become that Way*. Hayhouse, 2017.

Hal Elrod, *Miracle Morning. Die Stunde, die alles verändert*. Irisiana, 2016.

Gary Keller, Jay Papasan, *The One Thing*. Redline, 2017.

Marie Kondo, *Das große Magic Cleaning Buch*. Rowohlt Verlag, 2018.

Gretchen Rubin, *Outer Order, Inner Calm*. Harmony Books, 2019.

Internetadressen für Autoren

https://www.boersenverein.de/de/portal/Verlage/1377234

https://www.dsfo.de/dsfopedia/index.php/Verlagsliste

https://www.petra-schier.de/tipps-fuer-autoren/verlags-und-agentursuche

http://www.selfpublisherbibel.de

https://www.text-manufaktur.de/agenturliste.html

https://www.ullanedebock.com/

https://de.wikipedia.org/wiki/Liste_deutschsprachiger_Verlage

https://www.writersandartists.co.uk/